Milano

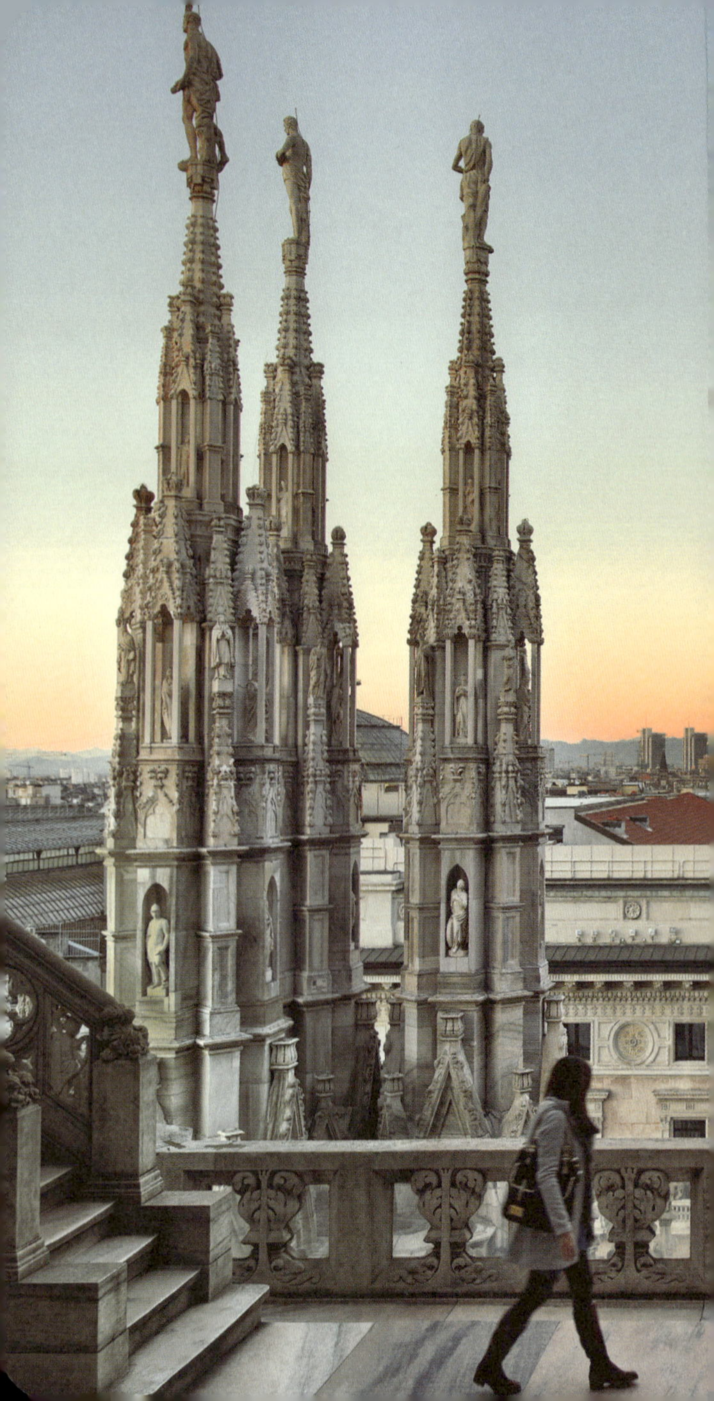

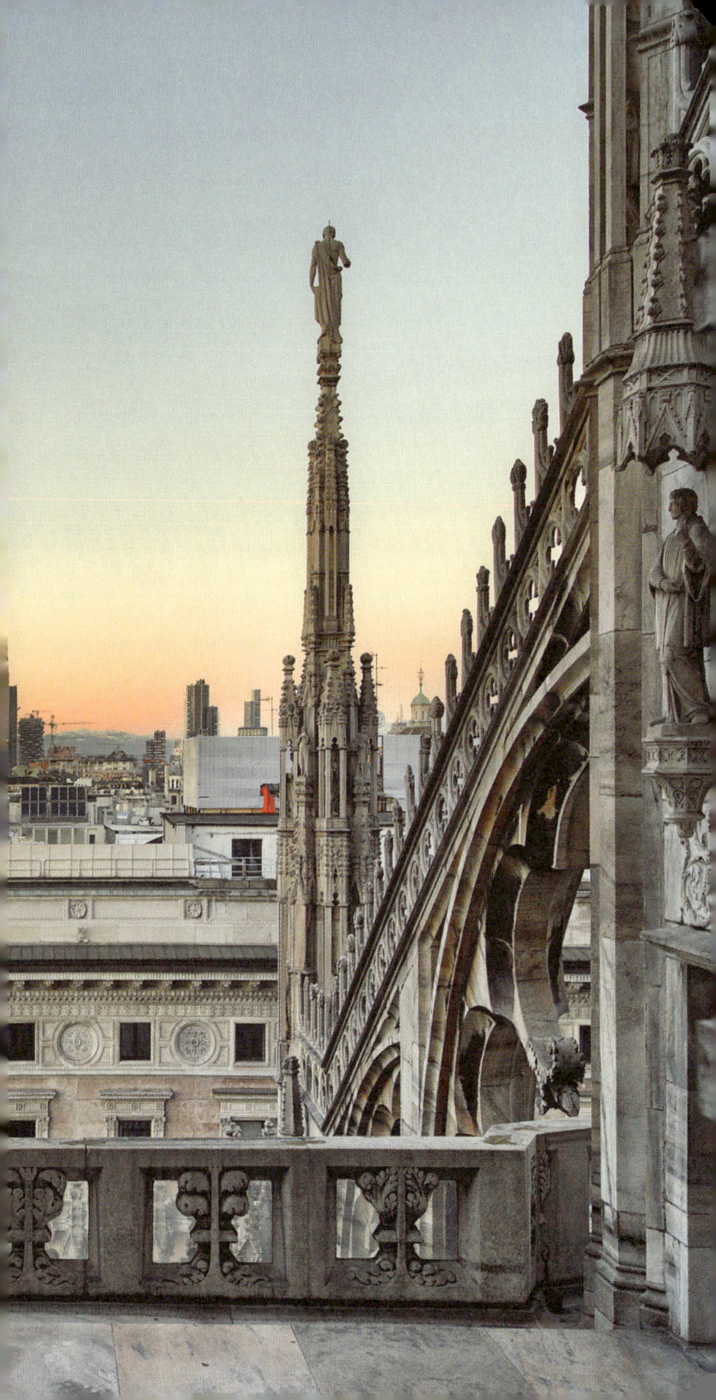

1

Guglie

Uno degli elementi più caratteristici dell'architettura gotica sono certamente le guglie. Il Duomo ne conta ben 135, alte per la maggior parte 17 metri. Stagliandosi in cielo "come pezzi di ghiaccio caduti dalle Alpi", sono ornate da 3500 statue, che, a differenza di quanto si crede, non sono tutte di carattere religioso. Tra i personaggi più inusuali raffigurati, ricordiamo: Dante Alighieri, il pugile Primo Carnera, Benito Mussolini, Vittorio Emanuele III e papa Pio IX. Non mancano poi draghi e scimmiette che rimandano a leggende e storie tutte da scoprire.

* See end pages for English translation

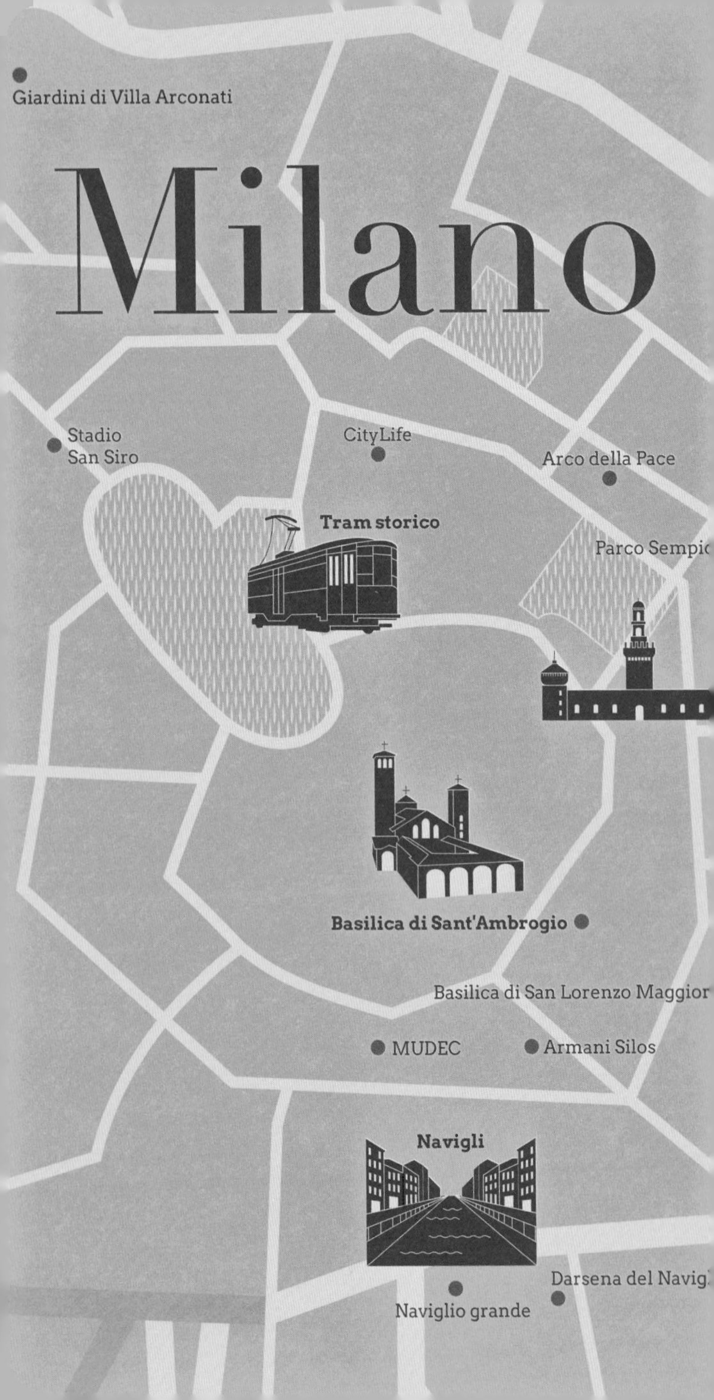

Giardini di Villa Arconati
Milano
Stadio
San Siro
CityLife
Arco della Pace
Tram storico
Parco Sempi
Basilica di Sant'Ambrogio
Basilica di San Lorenzo Maggior
MUDEC
Armani Silos
Navigli
Darsena del Navig
Naviglio grande

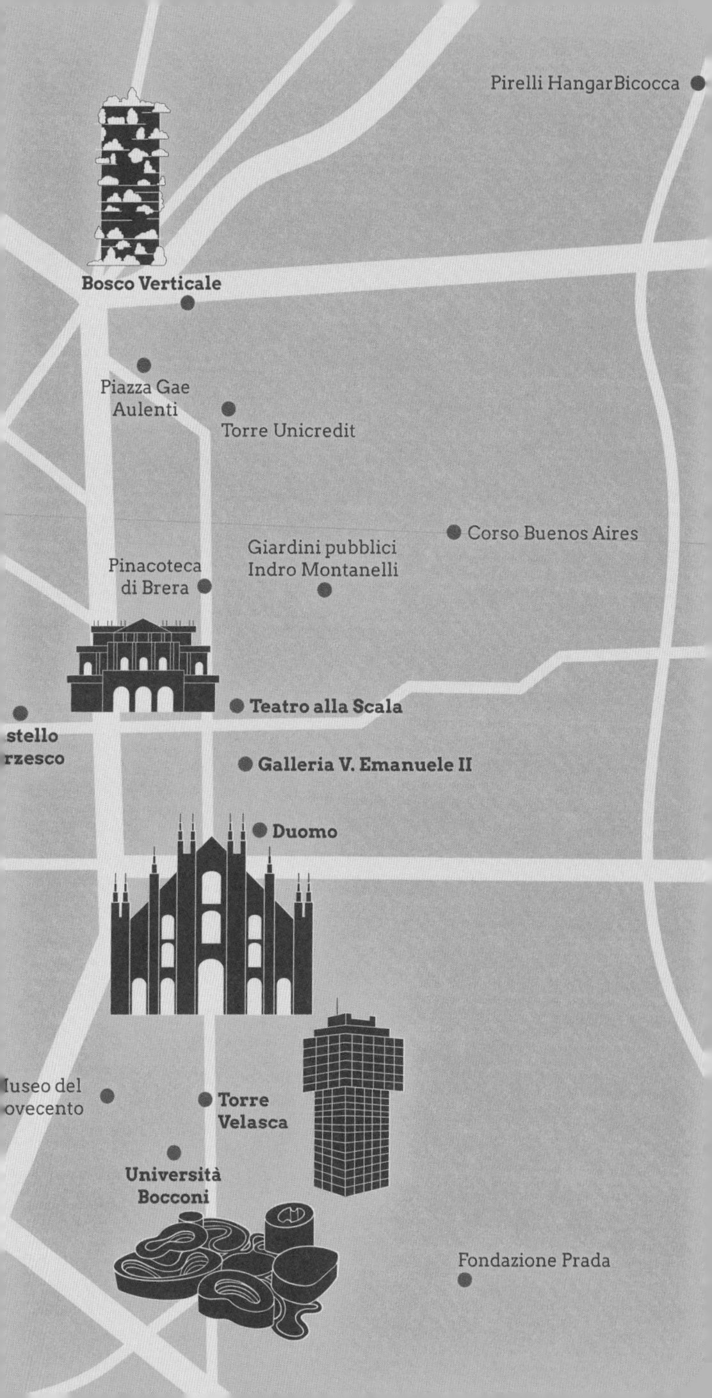
Pirelli HangarBicocca
Bosco Verticale
Piazza Gae Aulenti
Torre Unicredit
Corso Buenos Aires
Giardini pubblici Indro Montanelli
Pinacoteca di Brera
Teatro alla Scala
stello rzesco
Galleria V. Emanuele II
Duomo
luseo del ovecento
Torre Velasca
Università Bocconi
Fondazione Prada

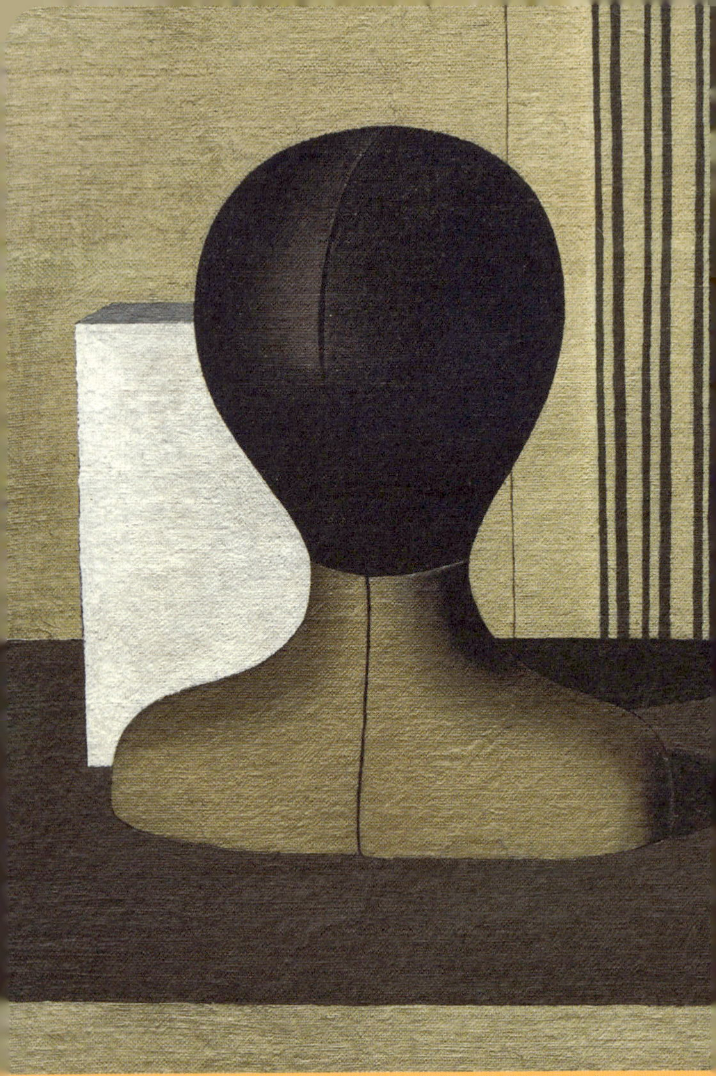

2

Giorgio Morandi

Fernanda Wittgens fu la prima donna direttrice della Pinacoteca di Brera e la prima donna italiana a dirigere un importante museo. Cominciò come assistente del direttore Modigliani, che la soprannominò "piccola allodola" per la sua instancabile attività e operosità; ottenendo poi

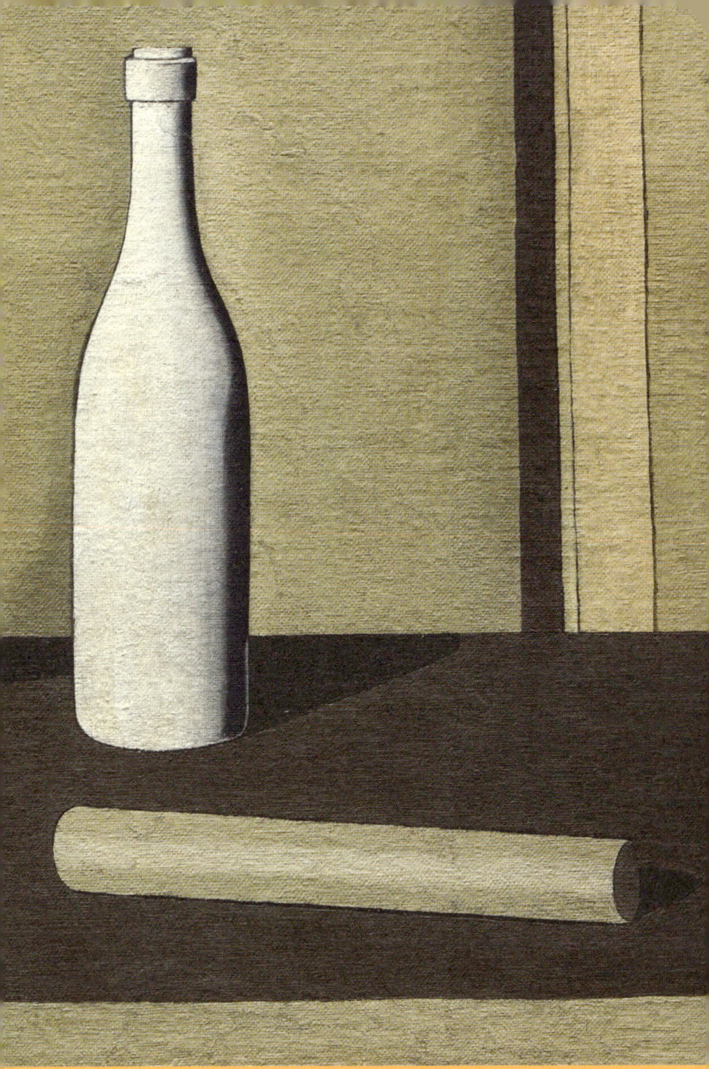

nel 1944 il ruolo di direttrice. In tempo di guerra dimostrò il suo coraggio salvando le opere d'arte di Brera dai bombardamenti e dai nazisti e aiutò migliaia di ebrei a fuggire in Svizzera evitando i campi di concentramento.

* See end pages for English translation

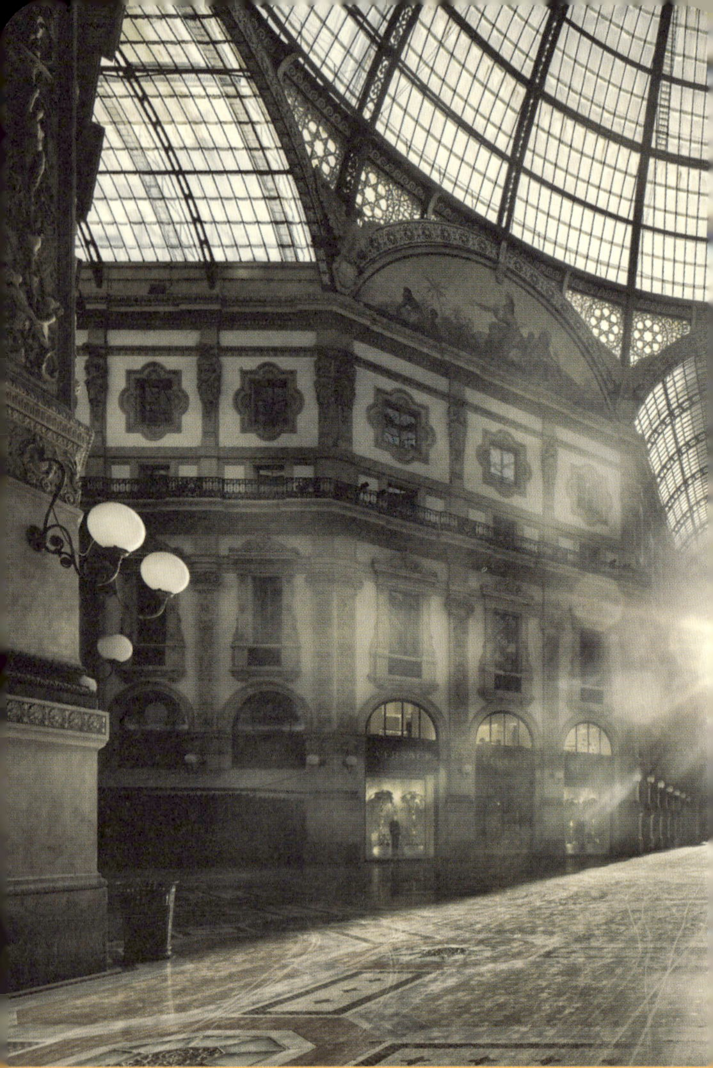

3

Galleria Vittorio Emanuele II

"Il salotto di Milano", la prima galleria commerciale italiana, che collega piazza Duomo a piazza della Scala, fu inaugurata nel 1878. Centro di incontro della borghesia milanese, da sempre ospita le boutique di alta moda, i bar e ristoranti più prestigiosi della città. La colorazione

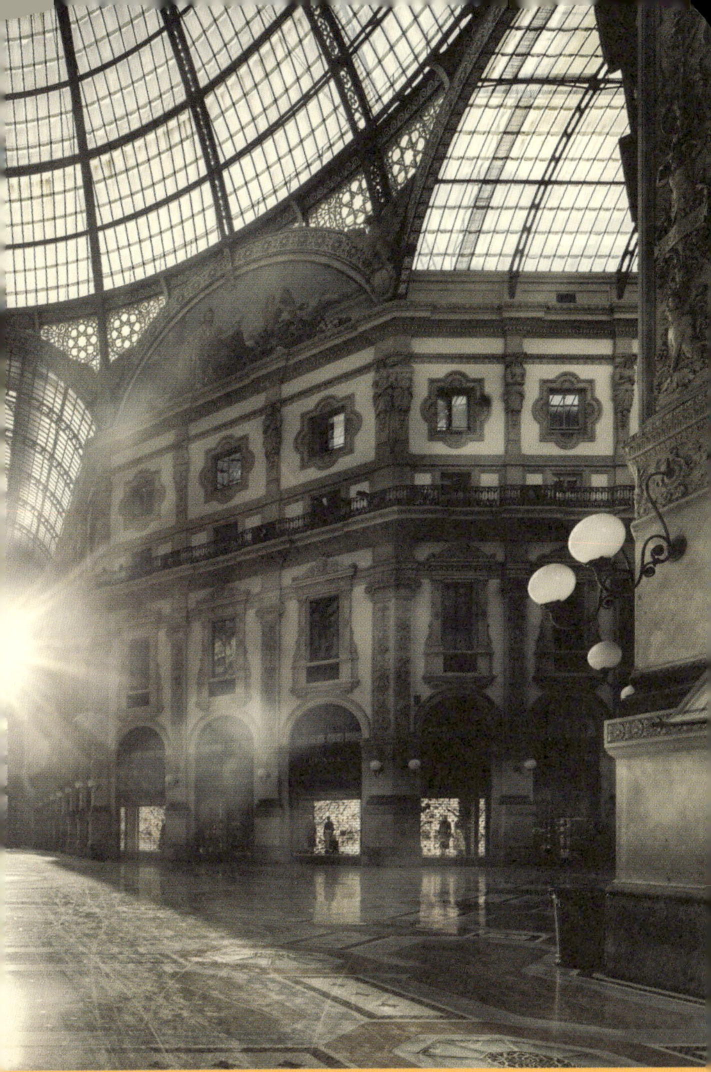

marmorea delle pareti interne e le decorazioni dorate, incorniciano perfettamente la lussuosità della galleria.

* See end pages for English translation

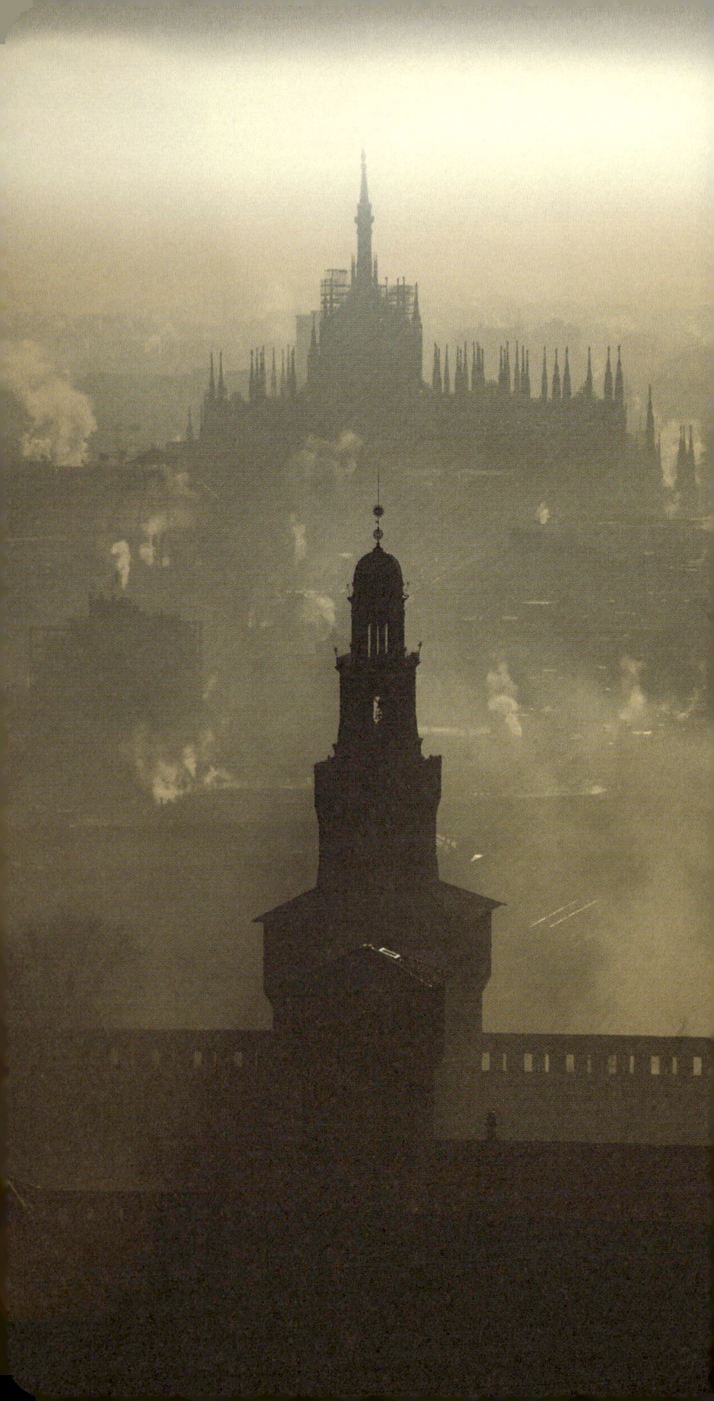

4

Torre Branca

Il panorama che si gode dalla Torre Branca è unico. Dalla cima della piccola "Torre Eiffel milanese", oltre alla possibilità di gustare un ottimo aperitivo, si possono ammirare il Duomo ed il Castello Sforzesco che emergono dallo skyline milanese. La torre, eretta nel 1933 in soli 63 giorni, è una vera e propria opera d'arte "in cui l'architettura moderna e la tecnica nuova trovano un punto di contatto". Restaurata nel 1972 dalla famiglia Branca, da cui prende il nome, rappresenta uno slancio verso la modernità e la nuova arte del Novecento.

* See end pages for English translation

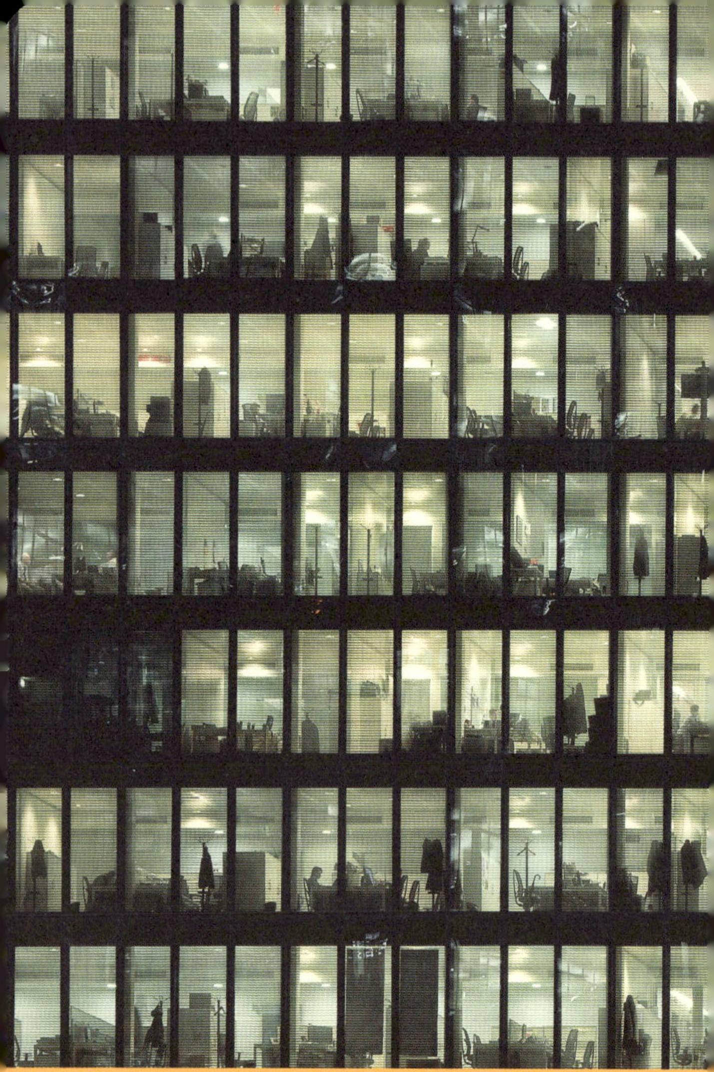

5

Uffici

Bersaglio prediletto dei milanesi, infaticabili lavoratori, sono i "fanigutun" (i nullafacenti), tanto che c'è un detto: "Chi non s'engegna, fa la tegna" (chi non si ingegna, fa la ragnatela).

* See end pages for English translation

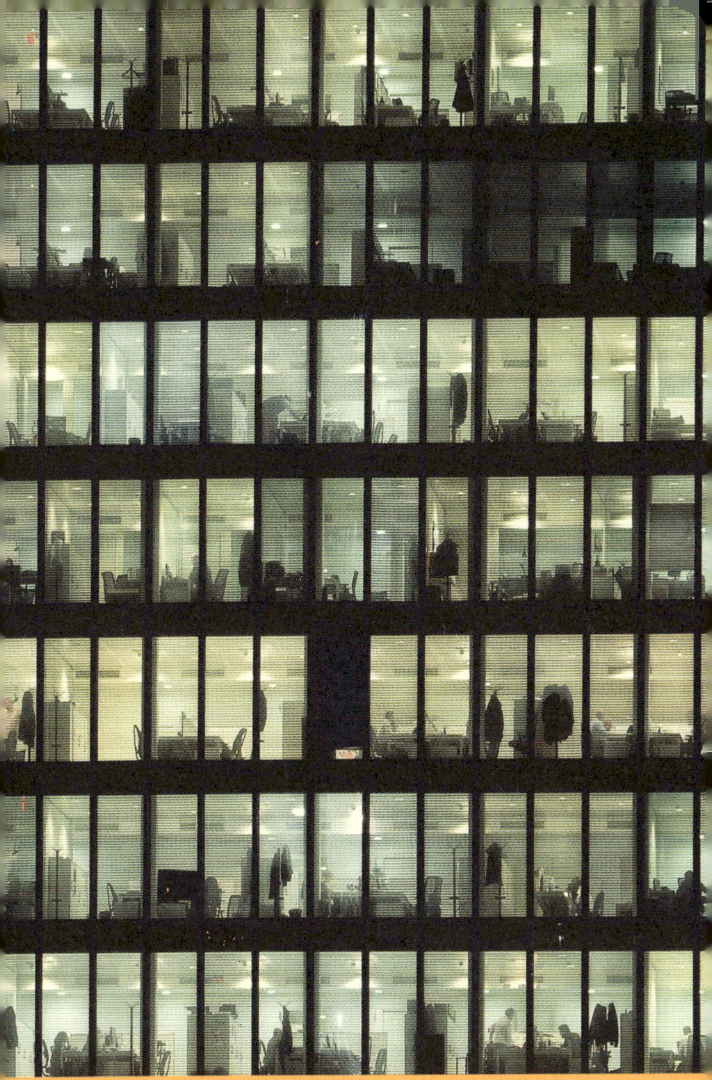

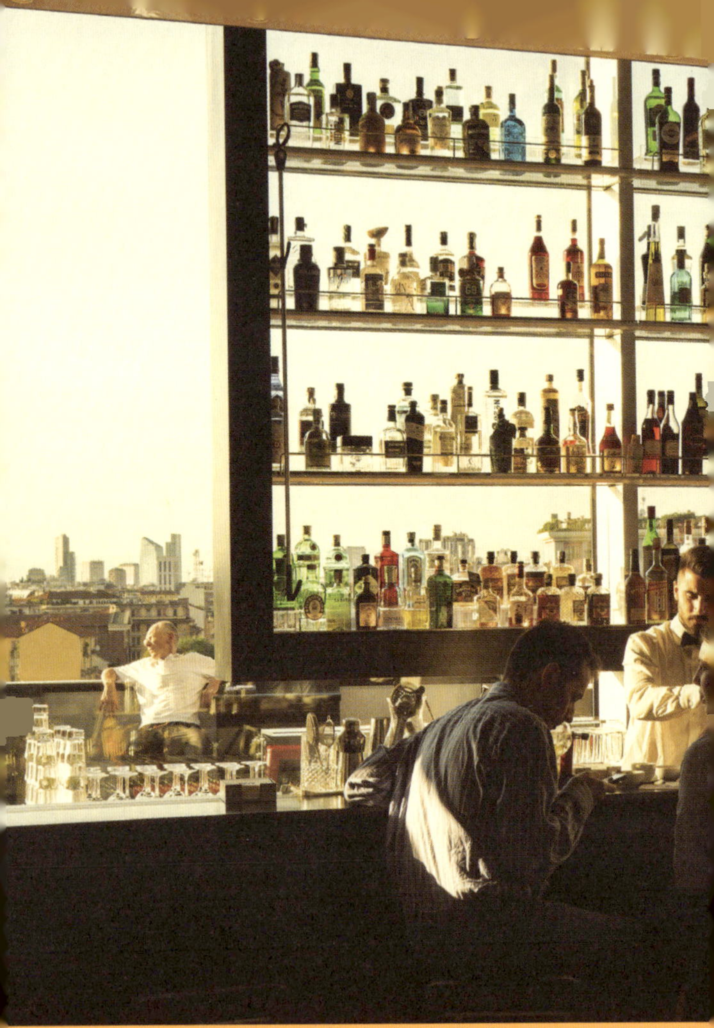

6

Bar Luce
Tra le tante chicche della Fondazione Prada c'è il bar Luce, ideato dal regista Wes Anderson che, soddisfando il suo sogno di bambino di diventare architetto, ha realizzato uno spazio che potesse essere allo stesso tempo un perfetto set cinematografico e un posto più

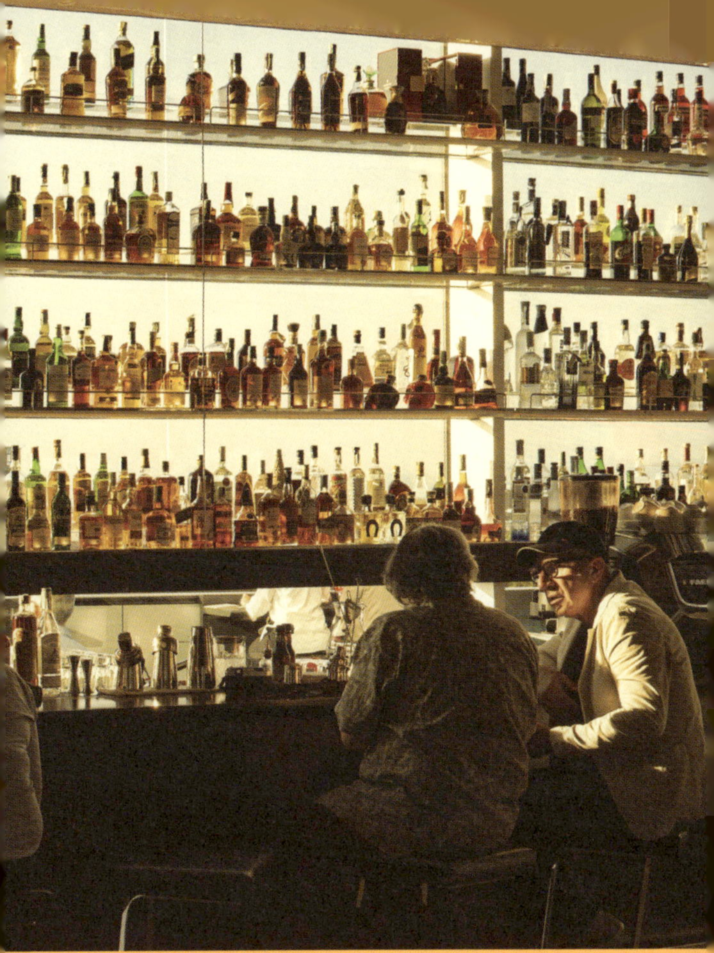

raccolto per scrivere i propri film. Bar Luce è per lui un luogo da vivere, dove tornare a rilassarsi anche durante le sue giornate non cinematografiche.

* See end pages for English translation

7

Piazza Gae Aulenti

Per completare lo skyline del progetto Porta Nuova, venne realizzata una piazza rialzata dedicata alla compianta architetta italiana Gae Aulenti, scomparsa solo pochi mesi prima dell'inaugurazione (2012). Simbolo della Milano contemporanea, è ornata da tre fontane circolari provviste di giochi d'acqua e illuminata dal Solar Tree, una lampada a led funzionante tramite energia solare. Oggi è luogo di ritrovo per i ballerini di strada, che la fanno diventare un vero e proprio palcoscenico di luci, suoni, danze e giochi, espressione emblematica di una Milano dinamica e proiettata al futuro.

* See end pages for English translation

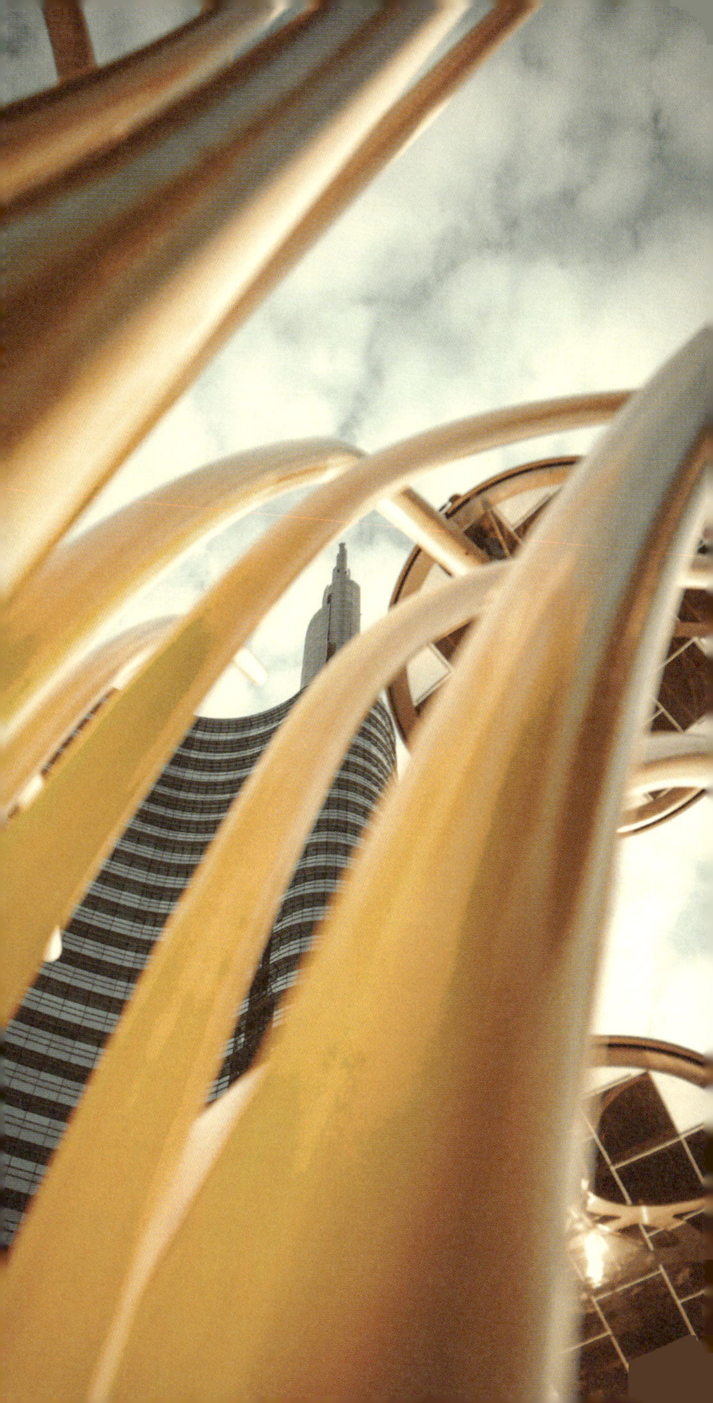

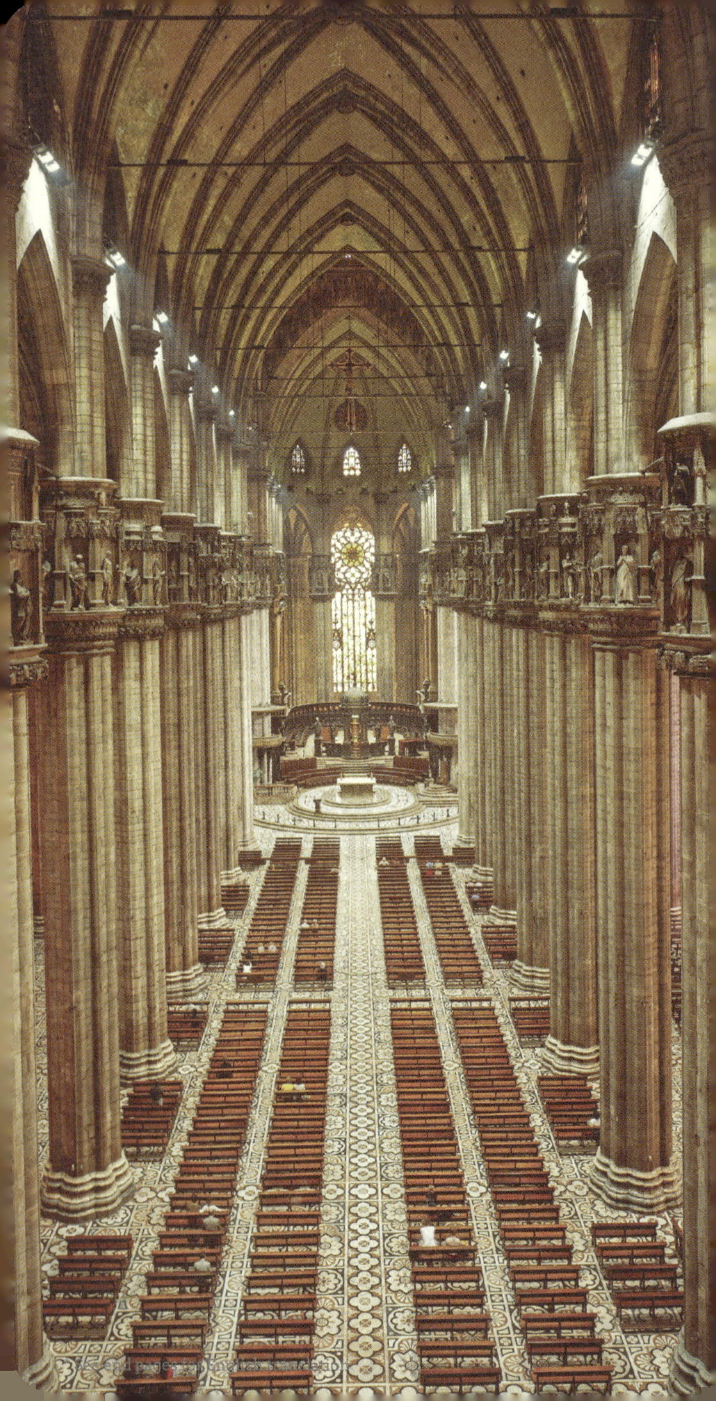

See end pages for English translation

8

La fabbrica del Duomo

La realizzazione del Duomo durò secoli...letteralmente!
I lavori cominciarono nel 1386, per essere completati definitivamente solo nel XIX secolo. I milanesi, non a caso, hanno adottato l'espressione "essere come la fabbrica del Duomo" per indicare qualcosa che va avanti da tempo ma non è ancora concluso.

* See end pages for English translation

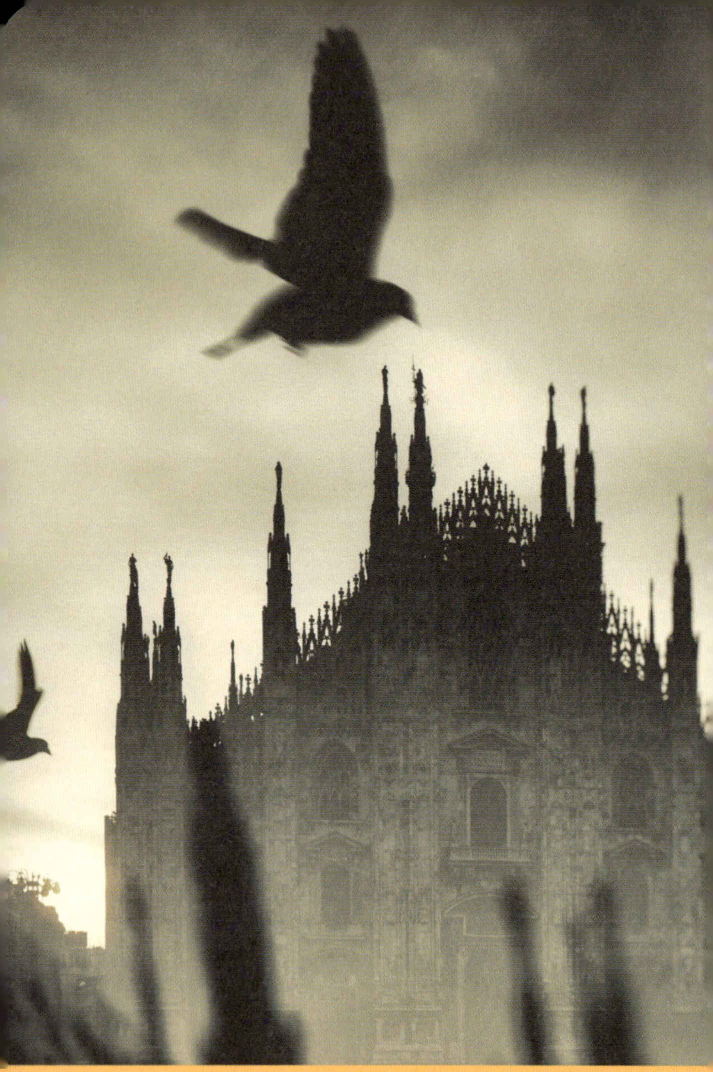

9

Piazza Duomo

"Tutte queste sere sono andato, verso l'una del mattino a rivedere il Duomo di Milano. Questa chiesa, rischiarata da una bella luna, offre uno spettacolo di bellezza straordinaria e unica al mondo. L'architettura non mi ha mai offerto simili sensazioni."
(Stendhal, 5 novembre 1816)

* See end pages for English translation

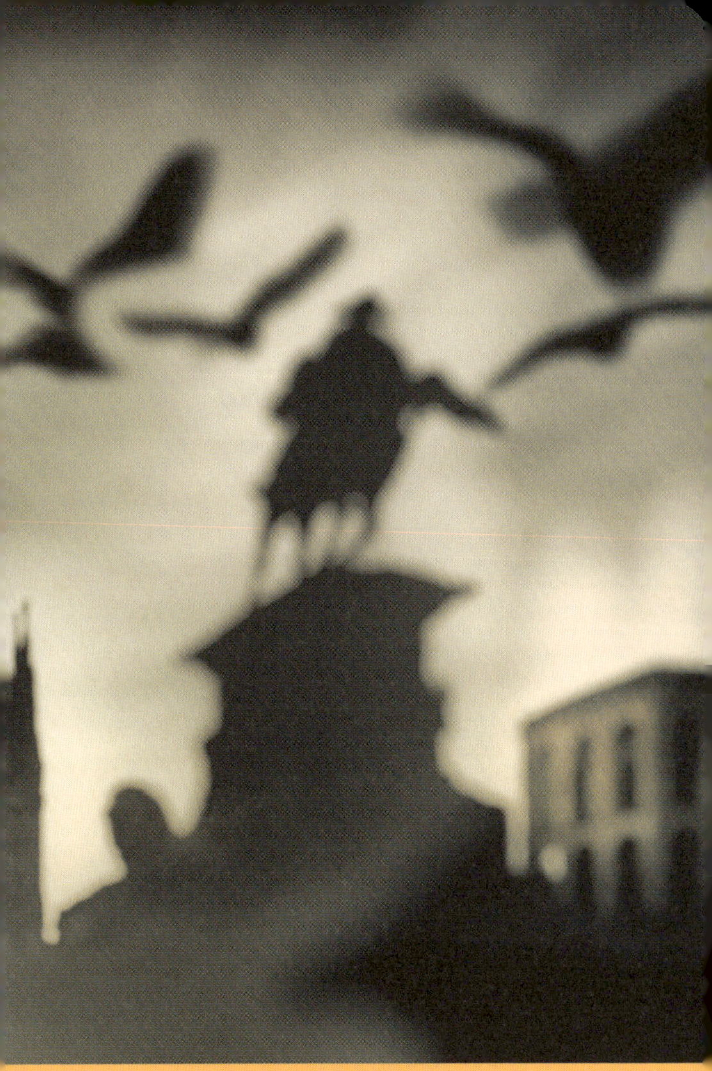

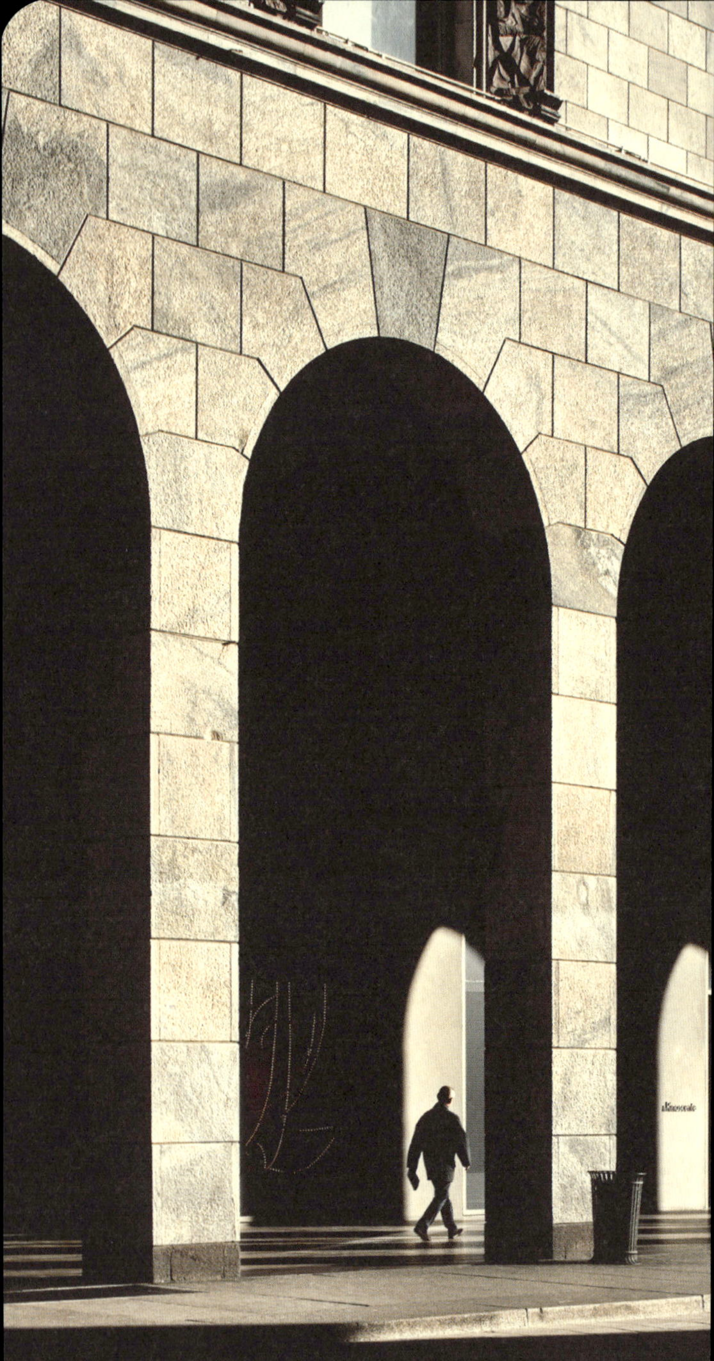

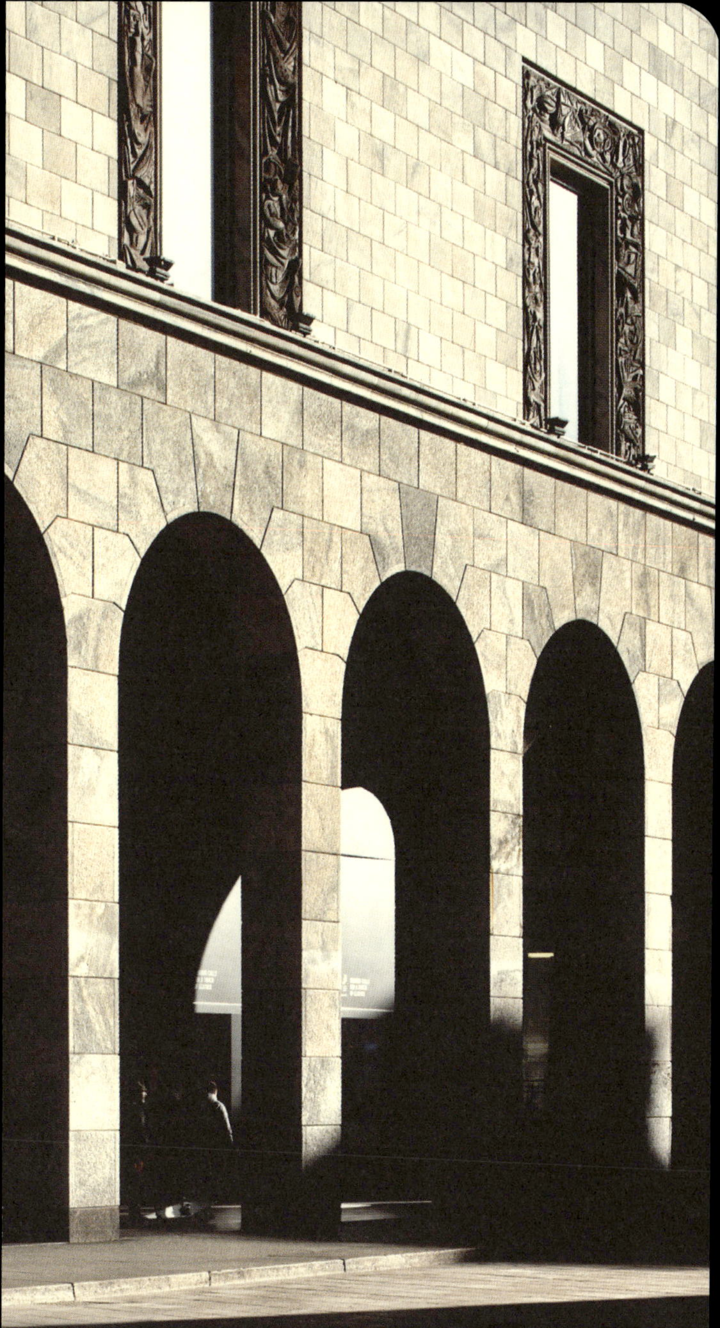

10

La Rinascente

Nel 1865 i fratelli Bocconi aprirono, proprio a Milano, il primo magazzino italiano, un negozio che vendeva abiti già confezionati, per rendere i capi di lusso accessibili non solo all'alta borghesia, ma anche ai ceti medi. Nel 1917, in linea con il periodo storico, Gabriele D'Annunzio ebbe l'idea di darle il nome La Rinascente. Si racconta che Giorgio Armani ci lavorasse come commesso prima di diventare famoso come stilista e di vendere proprio qui le sue creazioni.

* See end pages for English translation

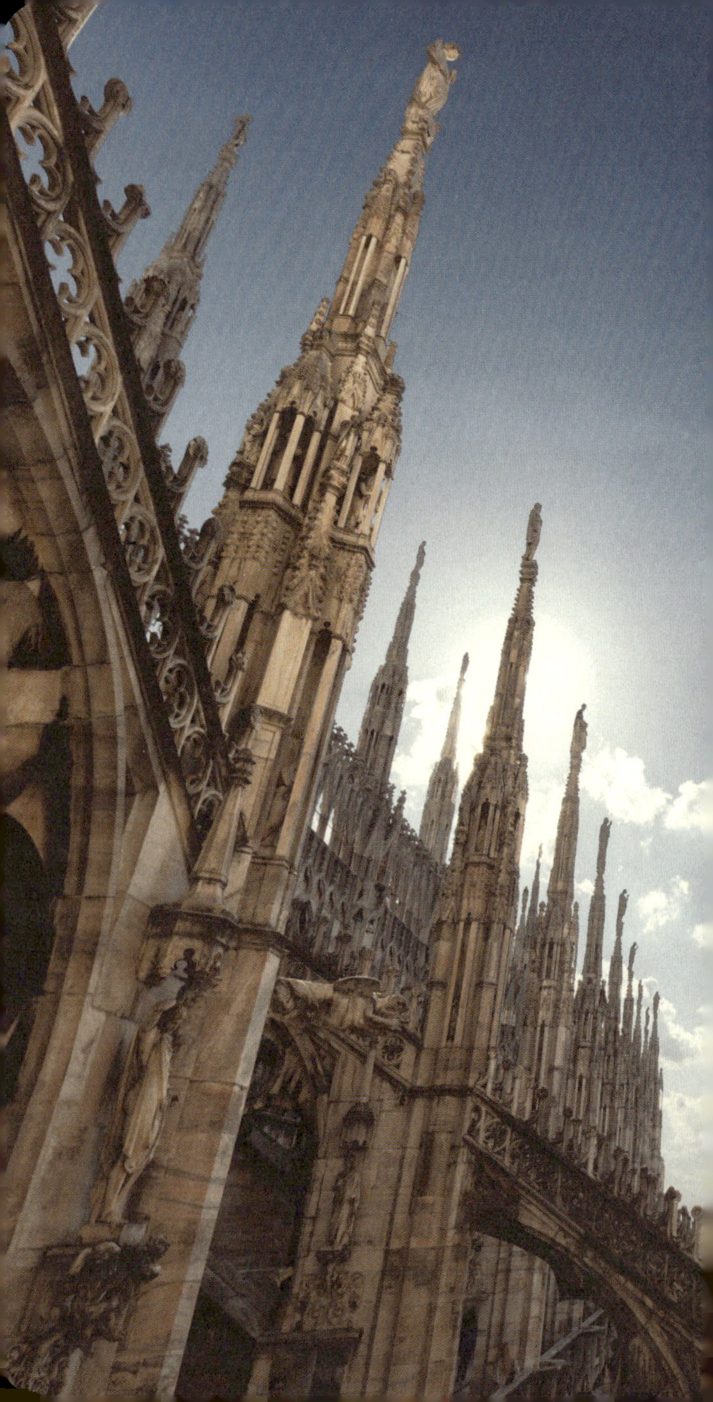

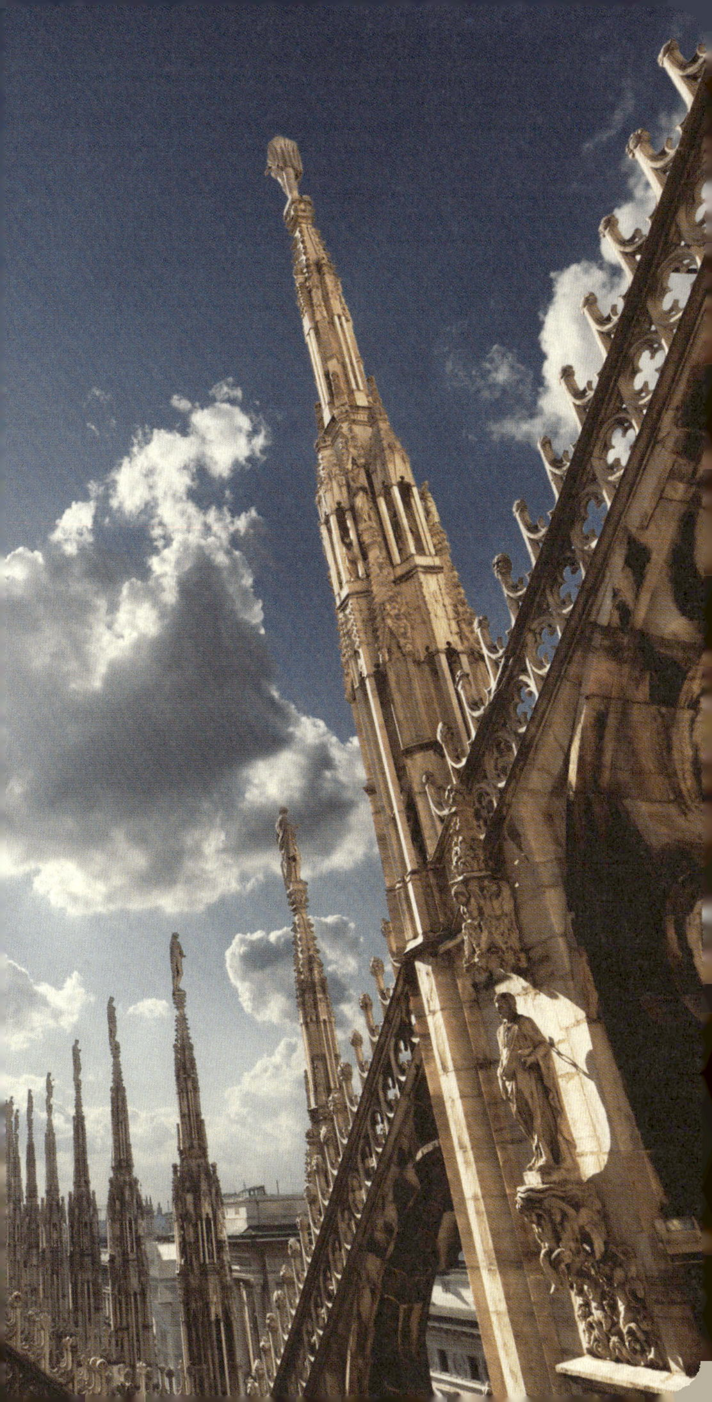

11

Leggende del Duomo

Lungo le pareti e tra le fitte nebbie che avvolgono il Duomo, vagherebbe tormentato il fantasma di una ragazza. Il suo nome era Carlina, una giovane che si era sposata nel Comasco, un freddo giorno di ottobre, vestita con il tradizionale abito nero di seta. Sembra che quella sera i due novelli sposi salirono sulla terrazza del Duomo e lei, assalita dai sensi di colpa per il figlio illegittimo che portava in grembo, si mise a correre fino a precipitare. Il corpo non fu mai ritrovato ma, secondo la leggenda, da quel giorno il fantasma veglia sulle coppie che si sposano in Duomo, tanto che molti fotografi sostengono di averla riconosciuta nelle loro foto, proprio accanto agli sposi.

* See end pages for English translation

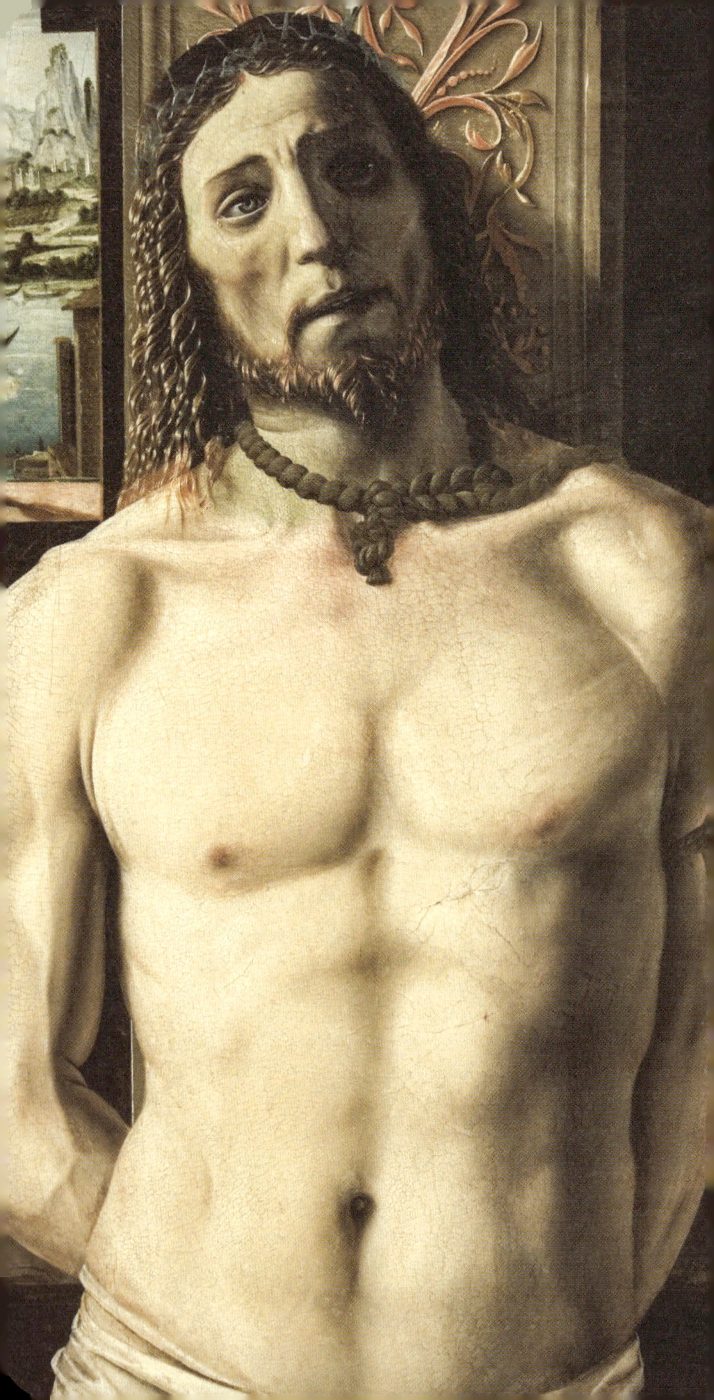

12

Bramante

Il "Cristo alla colonna" è forse l'opera pittorica più famosa di Bramante e tra le più emozionanti esposte nella Pinacoteca di Brera. Cristo sembra spingersi verso di noi, travolgendoci con il suo sguardo carico di dolore. Il viso scavato e smunto è attraversato da una lacrima, che concretizza lo stato d'animo coinvolgendo completamente lo spettatore. Il corpo levigato mostra delle forme perfette estremamente realistiche. Questa tecnica si pensa possa essere stata appresa dal grande Leonardo.

* See end pages for English translation

13

Porta Venezia

Il quartiere di Porta Venezia, caratterizzato dal suo stile Liberty, uno degli movimenti architettonici più in voga agli inizi del Novecento, ospitava l'alta borghesia milanese. Oggi è tempestato di lussuosi bar in perfetto stile Milano. La Porta separa in due distinte realtà la movida della zona: corso Venezia, sede dell'elegante vita milanese, e corso Buenos Aires, più contemporanea ed etnica.

* See end pages for English translation

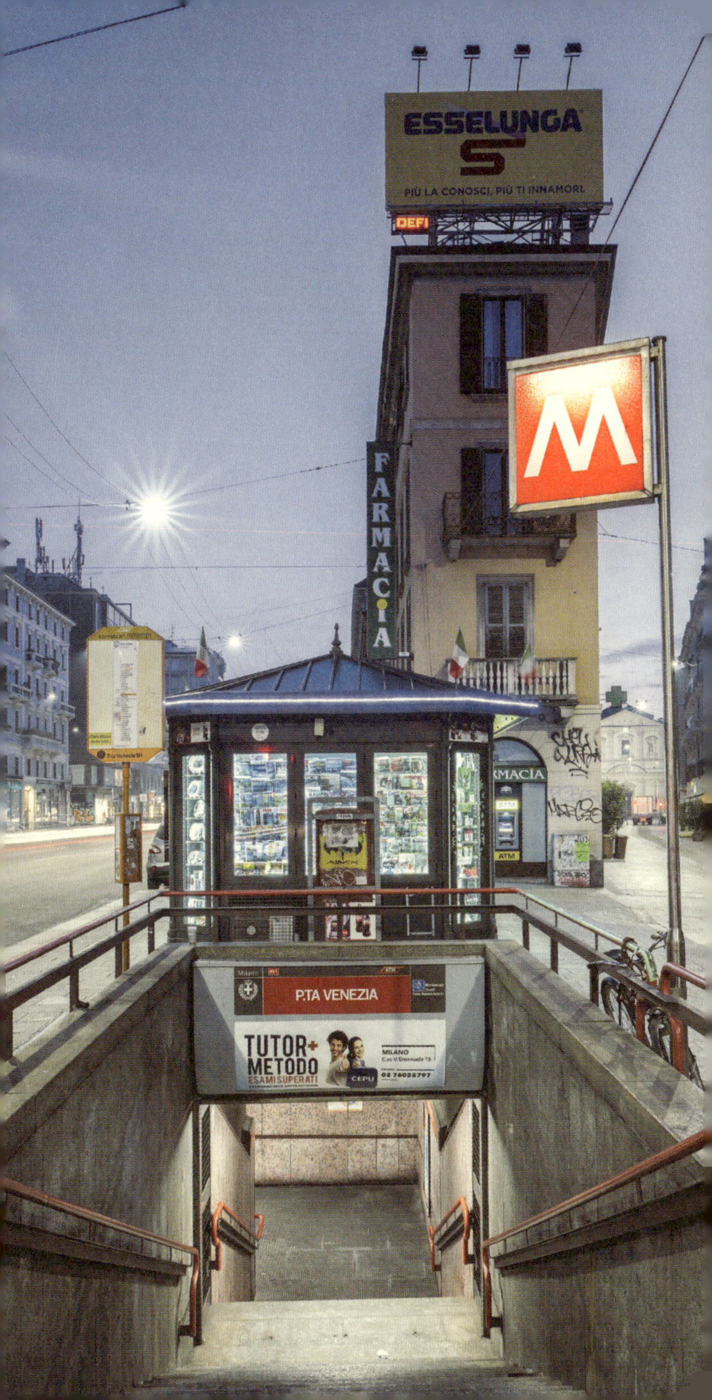
ESSELUNGA
PIÙ LA CONOSCI, PIÙ TI INNAMORI.
FARMACIA
M
P.TA VENEZIA
TUTOR+ METODO
ESAMI SUPERATI
CEPU
MILANO
02 76025797
ATM

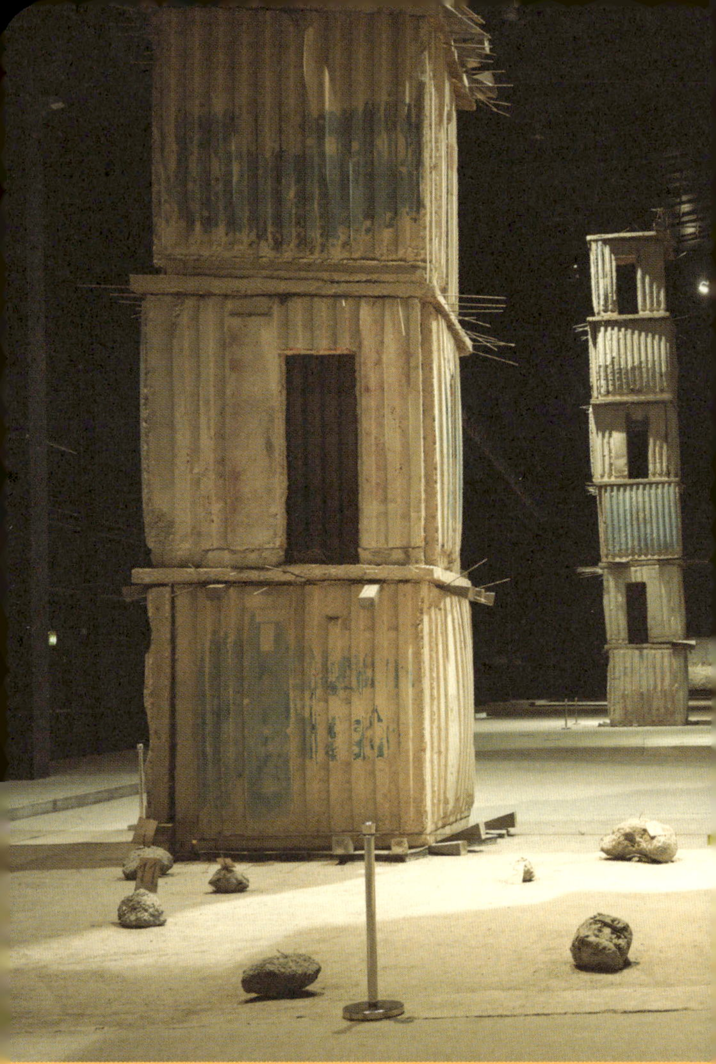

14

Pirelli HangarBicocca

Le sette torri, del peso di 90 tonnellate ciascuna, sono in cemento armato modellato utilizzando i container per il trasporto merci. L'installazione permanente del museo Pirelli HangarBicocca simboleggia i "Sette Palazzi Celesti" il cui nome deriva da un antico trattato ebrai-

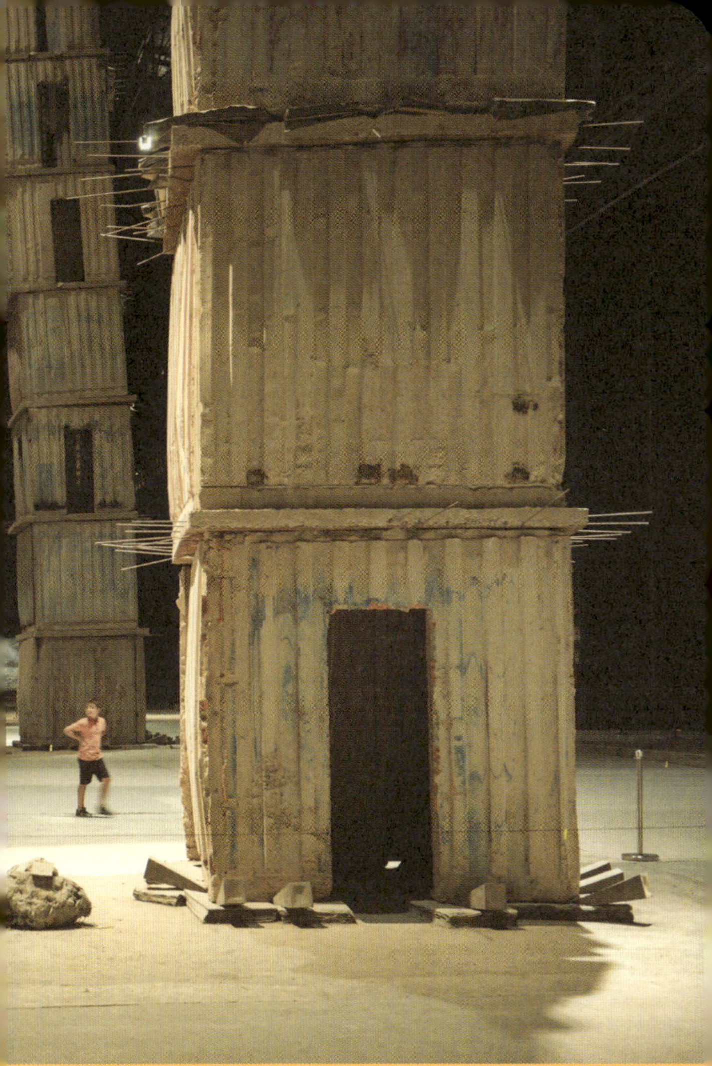

co, che narra il cammino spirituale di coloro che vogliono avvicinarsi a Dio. Nascono per essere un'interpretazione dell'antica religione ebraica e un'allegoria delle rovine portate dalla Seconda Guerra Mondiale in Occidente.

* See end pages for English translation

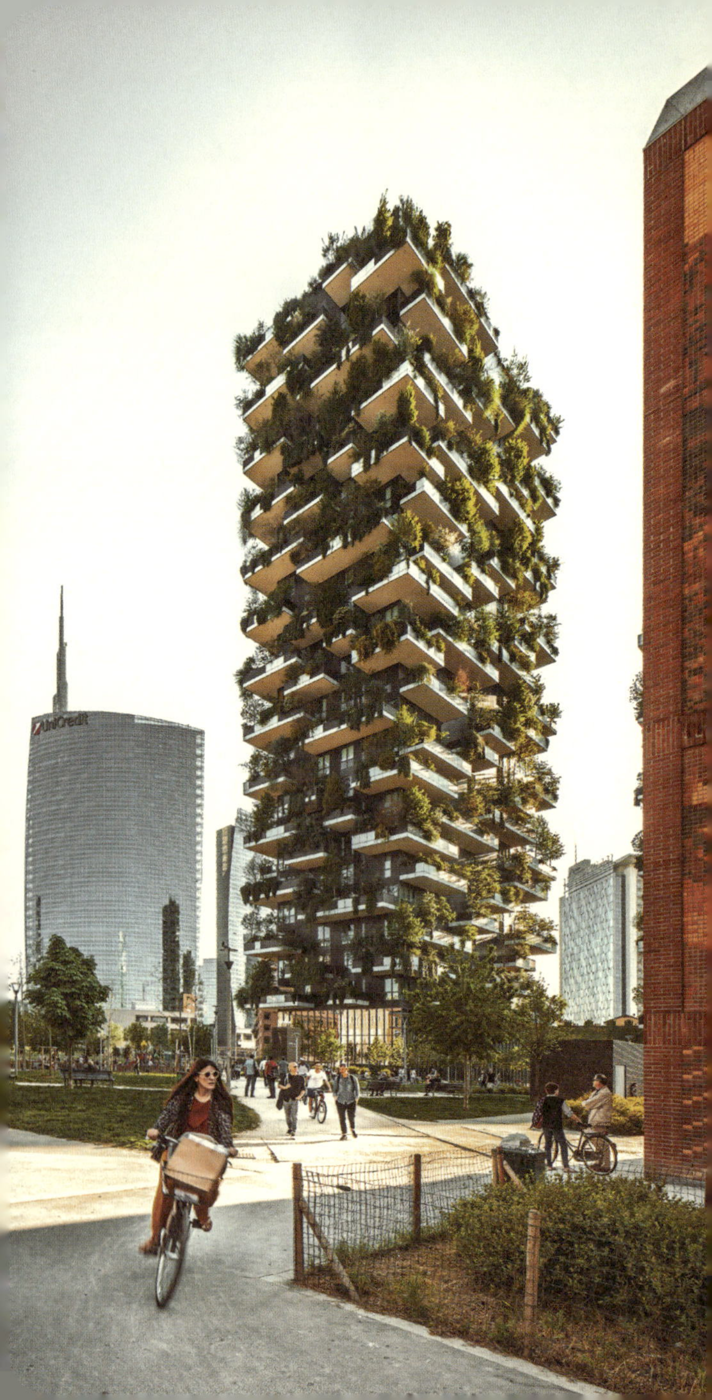
UniCredit

15

Bosco Verticale

800 alberi, 15 mila piante perenni e 5 mila arbusti danno corpo al Bosco Verticale, capolavoro dell'architetto Stefano Boeri. Aggirandosi per Dubai gli venne l'idea di progettare due torri biologiche e sostenibili, in grado di ridurre i consumi energetici grazie allo schermo vegetale, ponendo al centro non più solo l'uomo, ma il rapporto tra esso e le altre specie viventi. Premiato nel 2015 come grattacielo più bello e innovativo del mondo e come "esempio eccellente di rivitalizzazione di un centro urbano", è diventato uno dei simboli più noti dello spirito audace e innovatore di Milano.

* See end pages for English translation

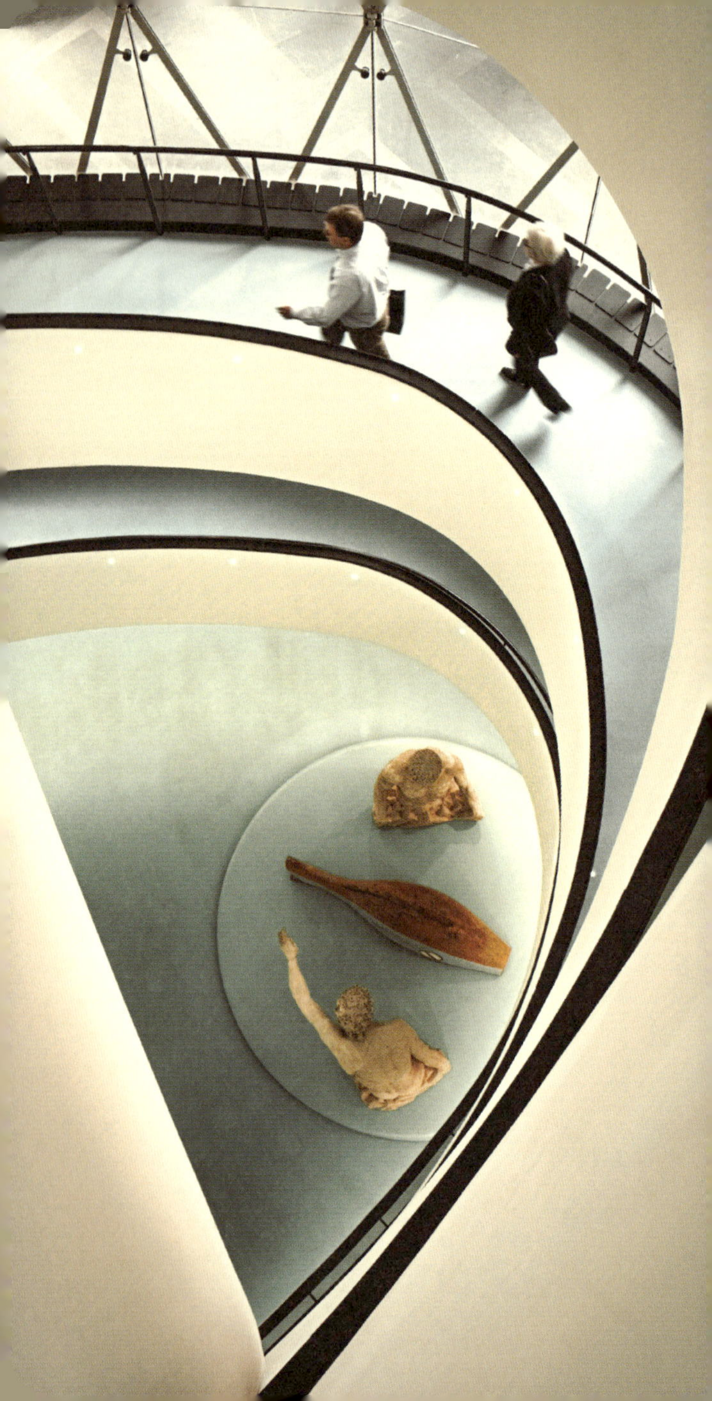

16

Museo del Novecento

Progettato dagli architetti Griffini, Magistretti, Muzio e Portaluppi e ristrutturato dal gruppo Rota, dal 2010 il Palazzo dell'Arengario è diventato la sede del Museo del Novecento che ospita 4mila opere di arte italiana del XX secolo. Il percorso termina con il Neon di Lucio Fontana, ambientazione ideale per scattare una foto ricordo da condividere sui social.

* See end pages for English translation

17

MUDEC

Realizzato a partire dalla riqualificazione degli stabilimenti dell'ex acciaieria Ansaldo di Porta Genova, il MUDEC (Museo delle Culture), inaugurato nel 2015, si presenta al pubblico come polo multidisciplinare. Esso dà voce a culture e testimonianze dal mondo, con un particolare focus su Estremo Oriente, Africa e civiltà precolombiane. La struttura dal profilo squadrato, realizzata in zinco e rivestita di cristallo, è un progetto di David Chipperfield, architetto britannico noto per l'indiscussa eleganza dei suoi progetti.

* See end pages for English translation

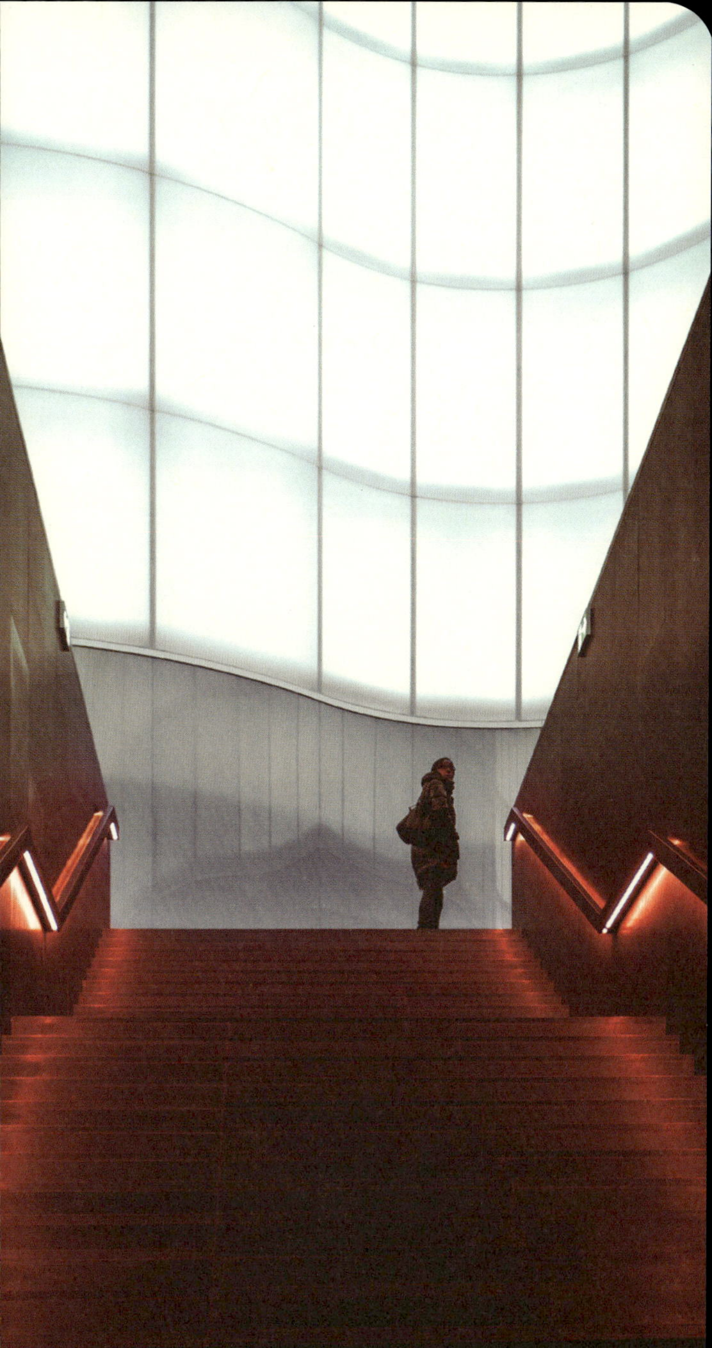

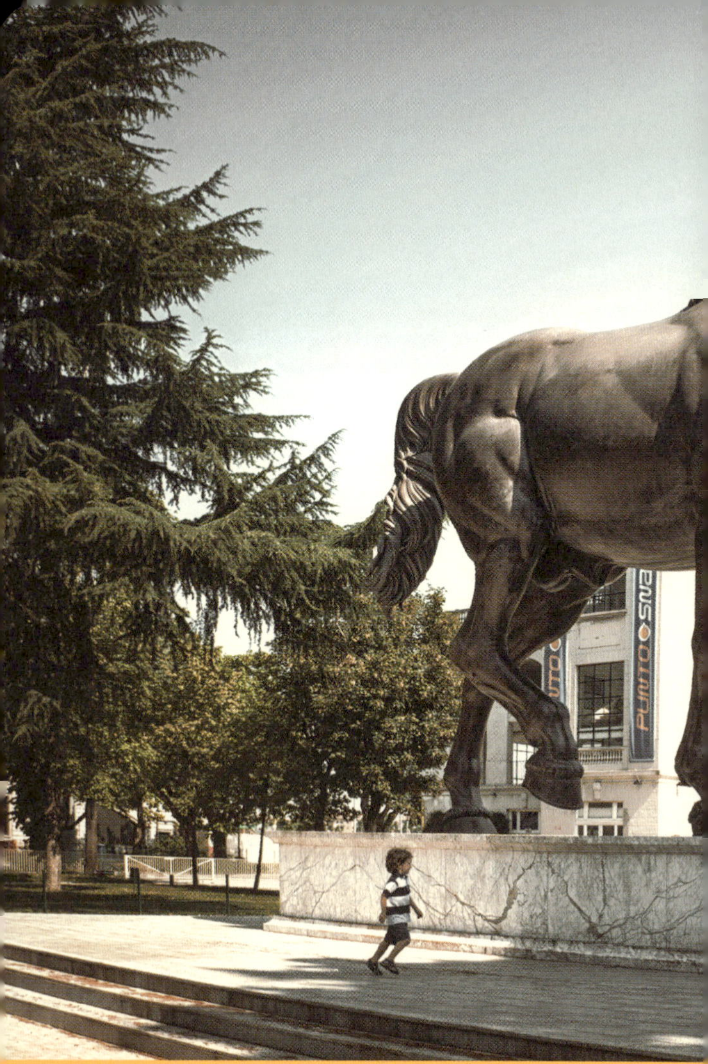

18

Cavallo di Leonardo

10 tonnellate e 7,30 metri di cavallo, ne fanno la statua equestre più grande del mondo. Voluta da Ludovico Il Moro e dedicata al padre Francesco Sforza, venne progettata nel 1482 da Leonardo Da Vinci. Ma la minaccia di un attacco francese rese necessario utilizzare il bronzo destinato alla statua come materiale per realizzare i cannoni a difesa della città. Solamente dopo cinquecento anni il pilota statunitense e

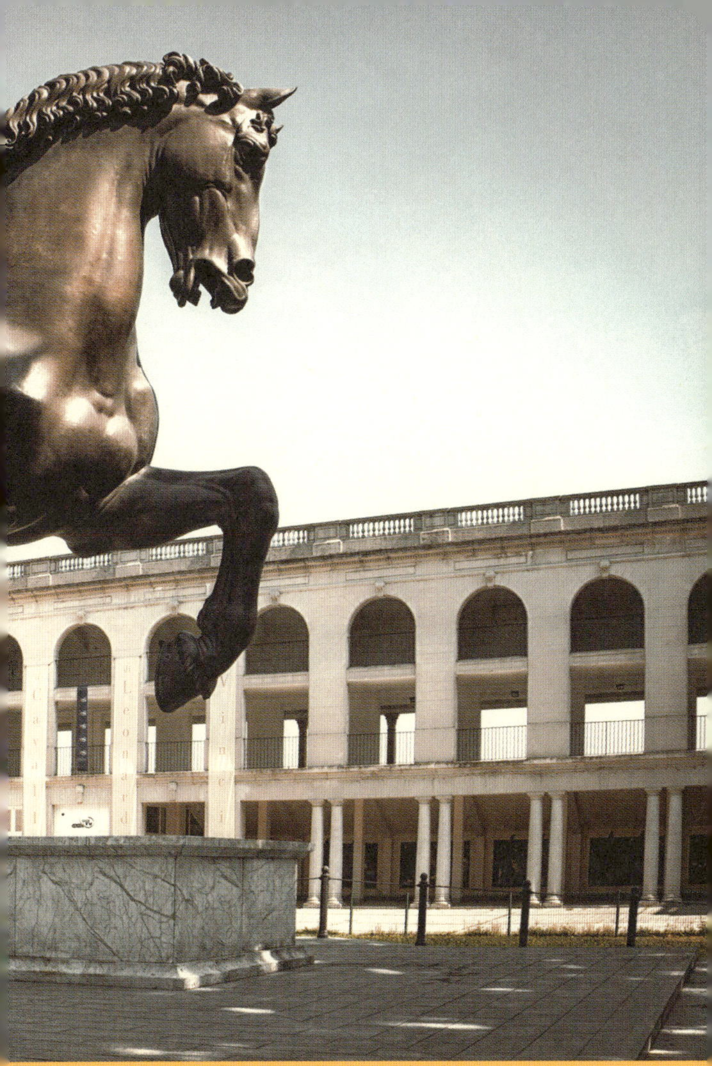

collezionista d'arte Charles Dent manifestò il desiderio di portare a termine il progetto, ma morì e il lavoro si interruppe. Quando il cavallo sembrava ormai destinato all'oblio, Frederik Meijer, proprietario di una catena di supermercati, affidò il poderoso incarico alla scultrice e artista giapponese-americana Nina Akamu.

* See end pages for English translation

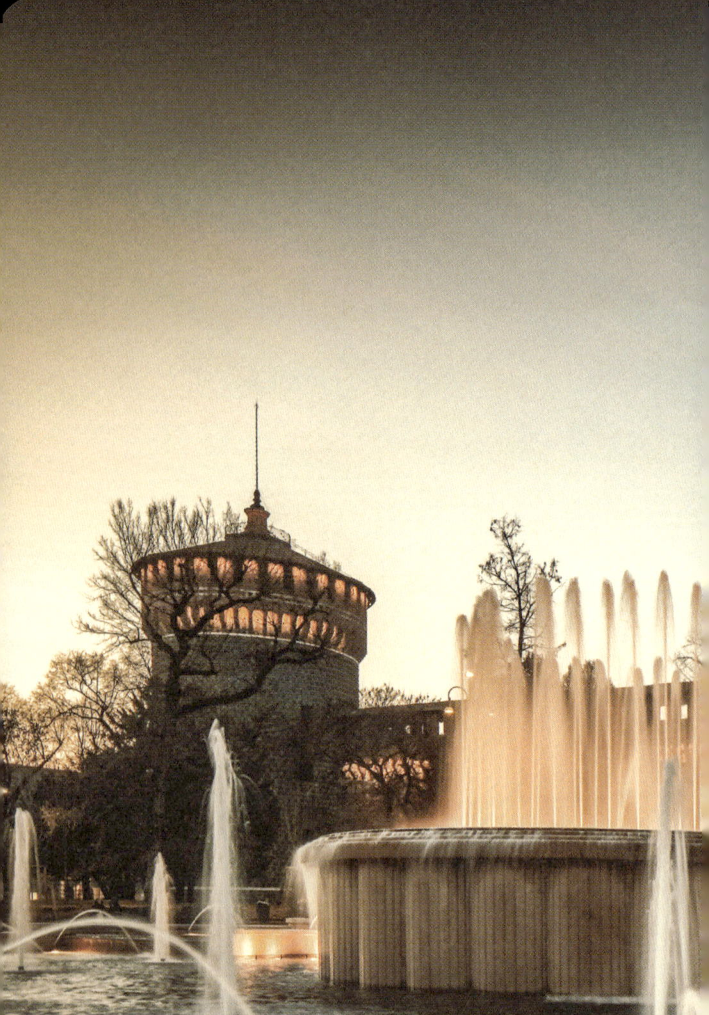

19

Castello Sforzesco

La dinastia degli Sforza, che rese grande Milano, conta alla sua corte personaggi alquanto singolari. Prima fra tutti Bianca Visconti, decapitata perchè, dopo essere stata umiliata dal suo precedente amante, decise di vendicarsi inviando quello successivo ad ucciderlo. Un altro personaggio degno di nota fu Caterina Sforza, la "Leonessa di

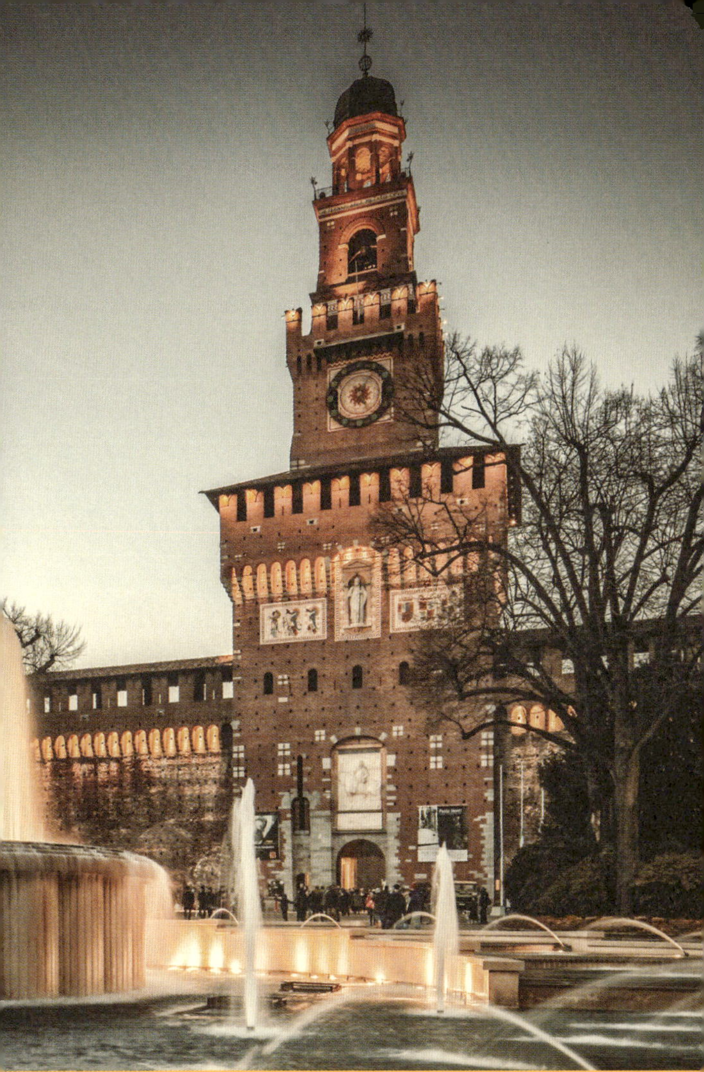

Romagna". Ricordata per il suo carattere forte e e per la risposta che diede a coloro che tenevano in ostaggio i suoi figli: "Fatelo, se volete: impiccateli pure davanti a me. Qui ho quanto basta per farne altri!", mostrando loro le "parti vergognose".

* See end pages for English translation

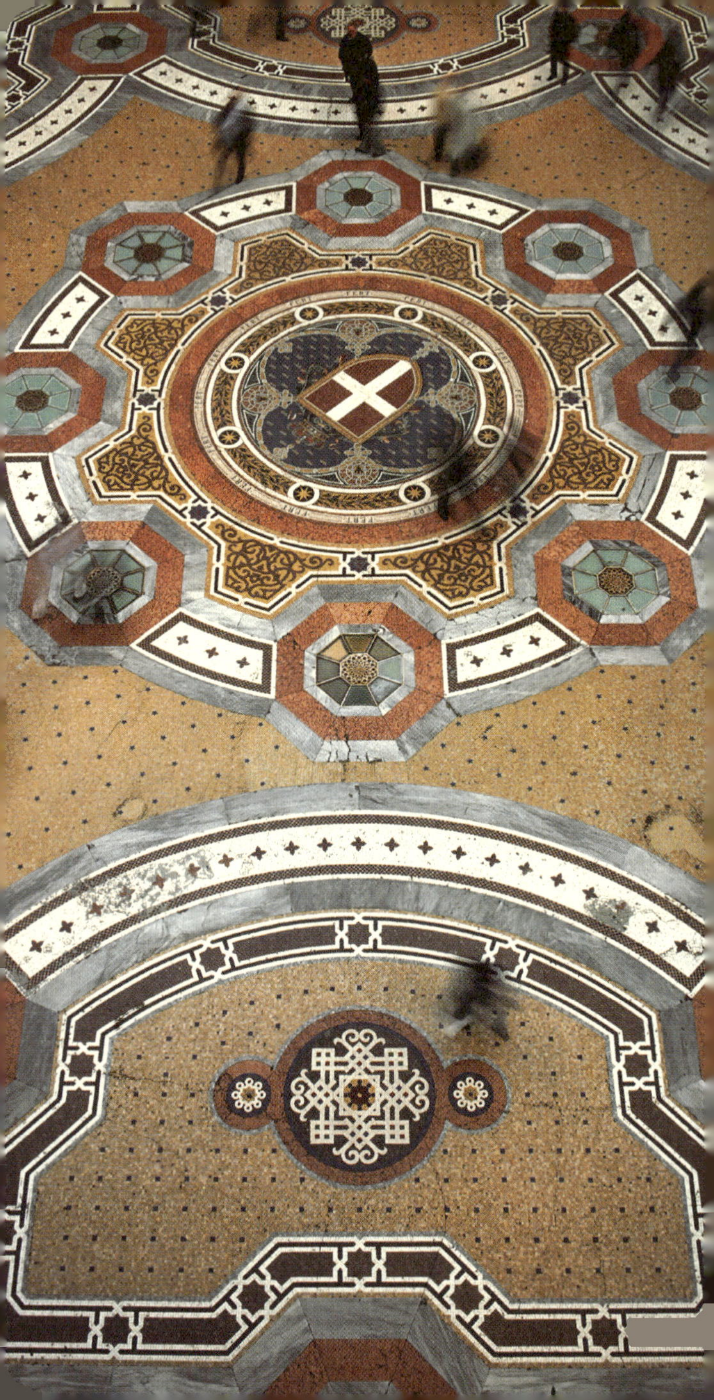

20

Galleria Vittorio Emanuele II

"Frollare". La tradizione dice porti fortuna piantare il tallone destro sopra gli attributi del toro, rappresentato in mosaico al centro della galleria, e fare tre giri su se stessi. Quello che pochi sanno è che si dice che porti fortuna solo se fatto alle 24 del 31 dicembre!

* See end pages for English translation

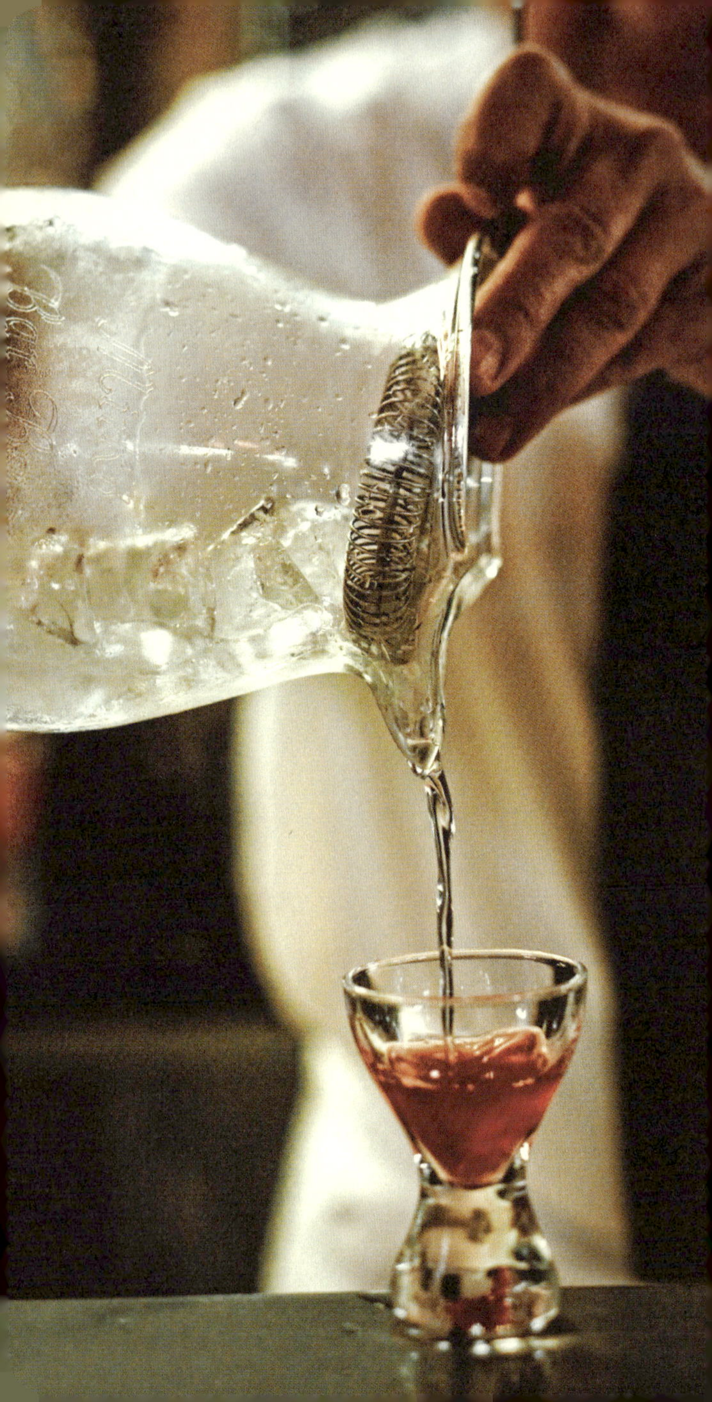

21

Aperitivo

La cultura dei cocktail arrivò in Italia da oltreoceano negli anni Venti e Trenta del secolo scorso: da allorail cosiddetto "Happy hour" è diventato un rito. Proprio in quegli anni, precisamente nel 1933, aprì il celebre "Bar Basso", storico locale milanese. Chiuso nel corso della Seconda Guerra Mondiale, riaprì nel 1947, per essere acquistato vent'anni più tardi dai barmen veneziani Renato Hausamann e Mirko Stocchetto. Fu proprio Stocchetto che, per un errore, diede vita al "Negroni sbagliato", versando spumante brut anziché gin.

* See end pages for English translation

22

I giardini di Villa Arconati

Si narra che nel parco della villa viva un elfo, giunto per aiutare un bambino, innamorato della natura, che si era ammalato. Con una pozione magica egli riuscì a guarirlo. Da allora l'elfo si nasconde nel parco, uscendo dal suo rifugio solo il 15 dicembre per vedere se altri bambini hanno bisogno del suo aiuto.

* See end pages for English translation

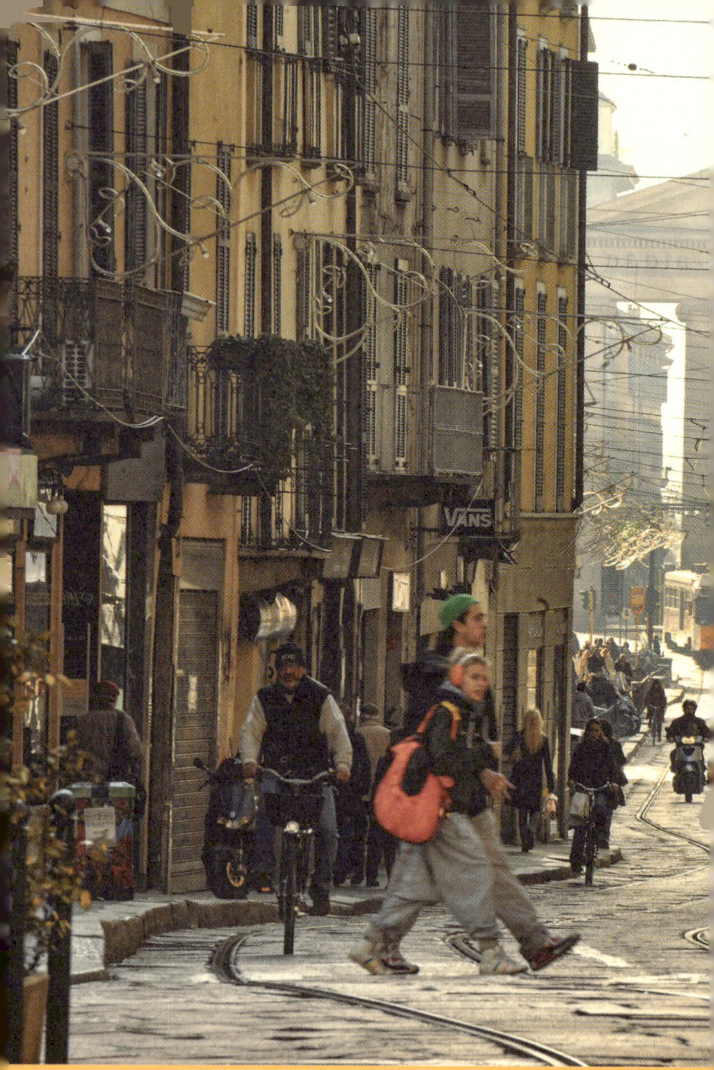

23

Milano

Milano, all'origine della sua storia, era un piccolo villaggio di nome Medhelan, fondato presumibilmente nel IV sec d.C dalla popolazione celtica dei Galli Insubri. Un secolo più tardi venne poi occupata dai Romani, che la denominarono Mediolanum, termine composto dalle

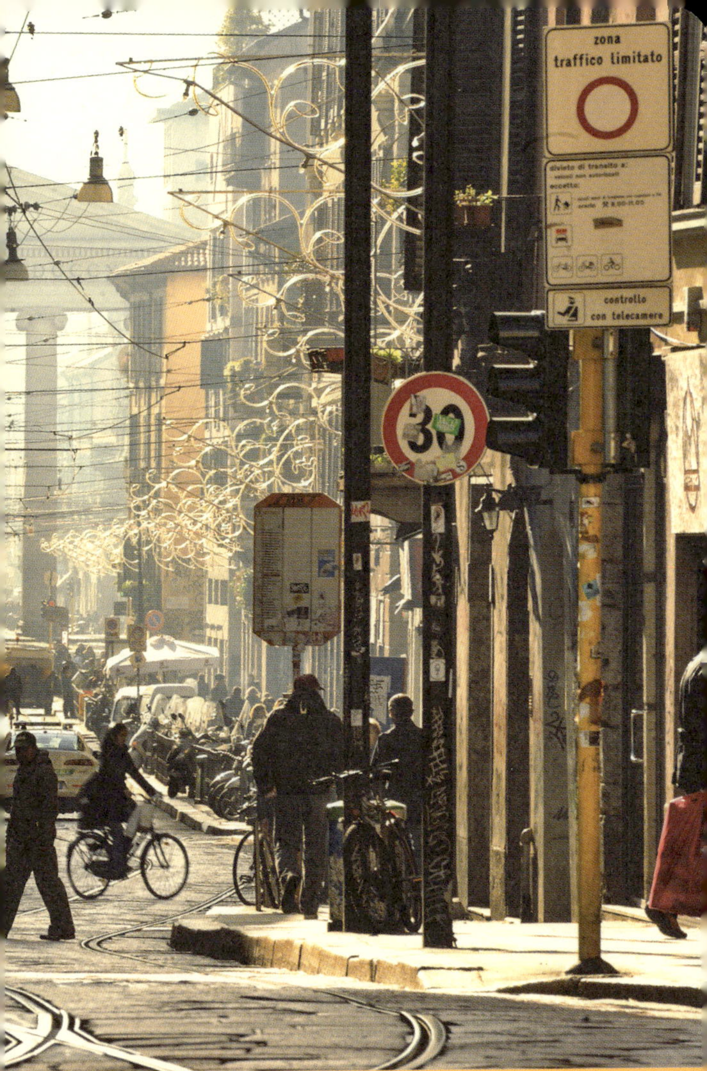

parole medio e (p)lanum, per la sua strategica posizione geografica "in mezzo alla pianura".

* See end pages for English translation

24

Basilica di Sant'Ambrogio

La Basilica, considerata come la seconda chiesa più importante della città, venne realizzata tra il 379 e il 386 per volere del vescovo Ambrogio, per poi essere completata nel 1099. Qui vennero rinvenuti i corpi dei martiri milanesi Protaso e Gervaso, trasferiti poi nella chiesa, che prese così il nome di Basilica martyrum (basilica dei martiri). La stessa diventò poi luogo di sepoltura di Sant'Ambrogio a cui venne quindi dedicata. Sant'Ambrogio, patrono di Milano, viene celebrato il 7 dicembre (giorno in cui venne eletto vescovo dal popolo) con la tradizionale Fiera dell'Oh bej Oh bej, tipico mercatino natalizio che prende il nome dalle esclamazioni dei bambini, felici di ricevere doni.

* See end pages for English translation

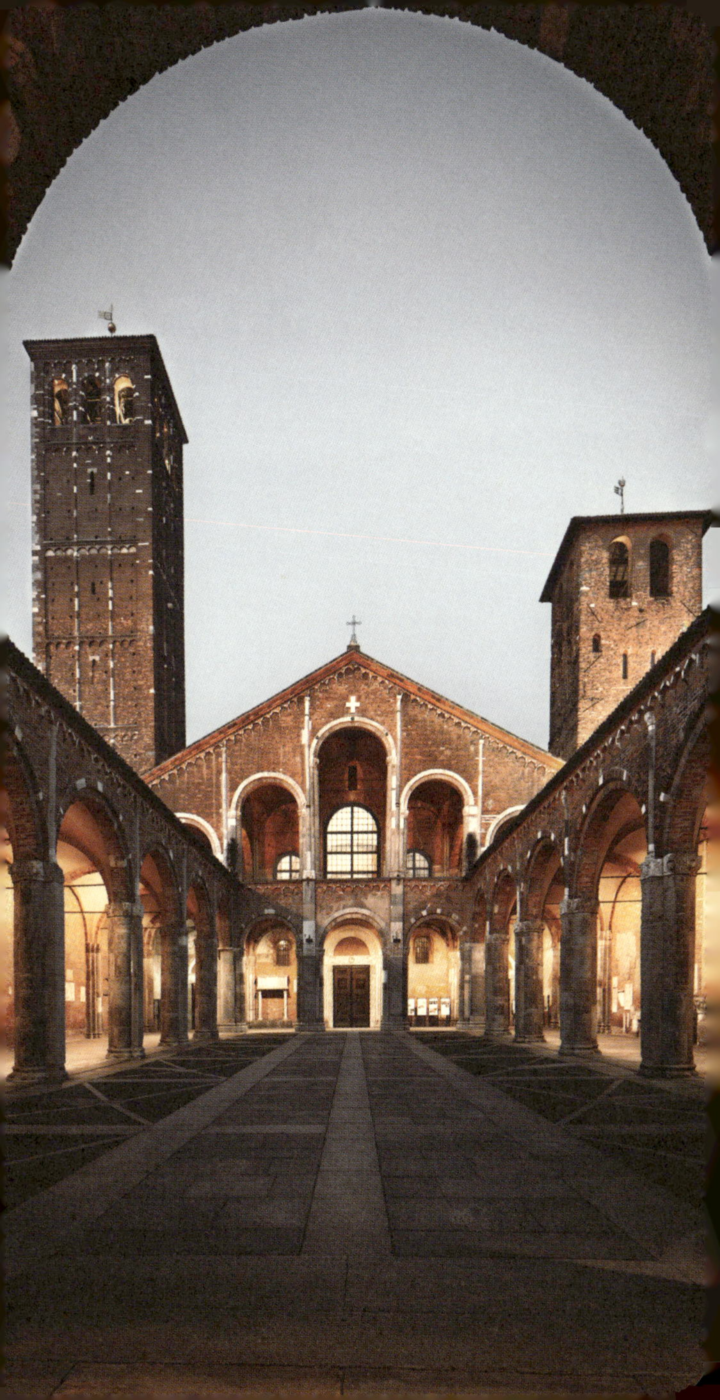

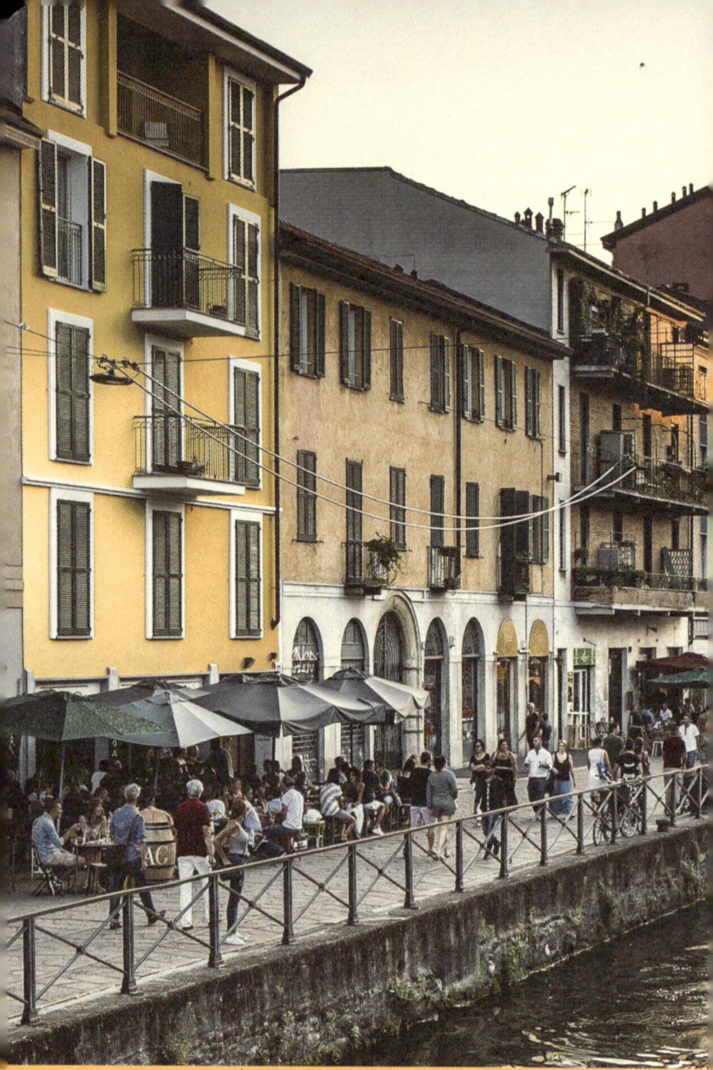

25

Navigli

Era il 1179 quando, a seguito della distruzione portata da Barbarossa nella città, venne creato il Ticinello (poi chiamato Naviglio Grande), il primo dei 9 celebri navigli milanesi. Proprio lungo le sue sponde, in via Ripa di Porta Ticinese, al civico 47, trascorse gran parte della sua vita Alda Merini, la poetessa dei Navigli, che dedicò alla sua città questi versi:

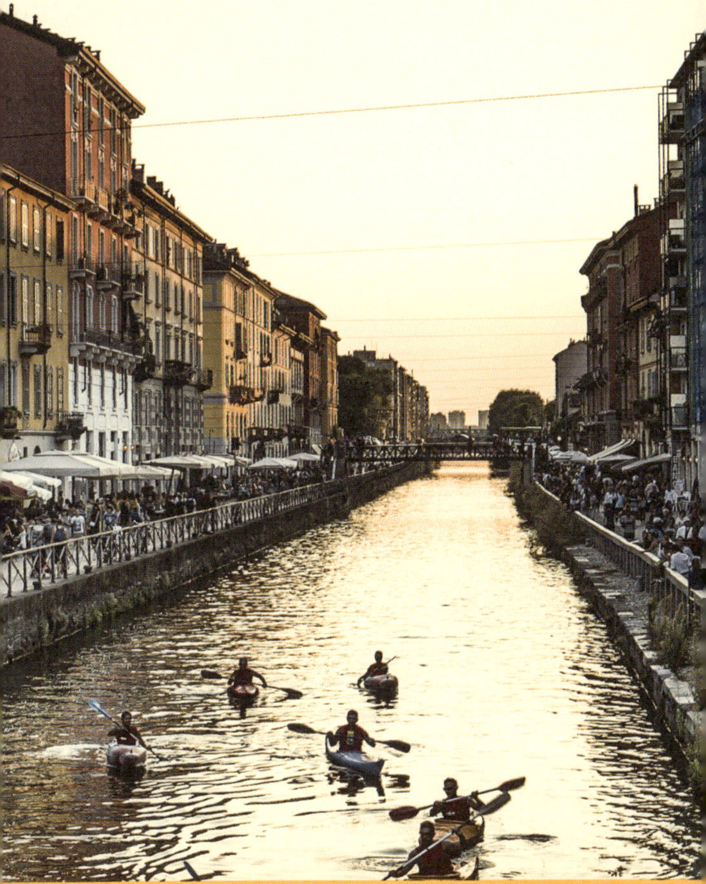

"... Milano dai vorticosi pensieri
dove le mille allegrie
muoiono piangenti sul Naviglio".

* See end pages for English translation

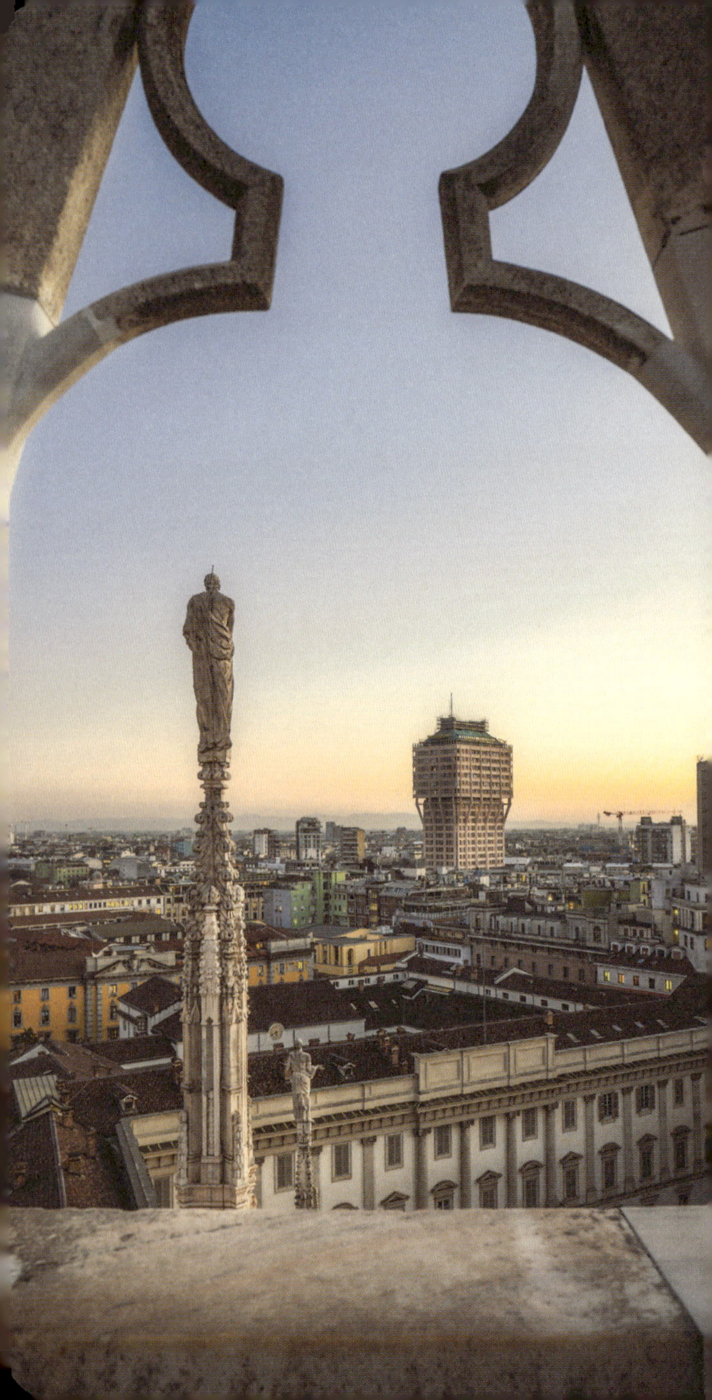

26

Torre Velasca

Iconica figura dello skyline milanese, la Torre Velasca venne progettata negli anni Cinquanta in una Milano che, piegata dagli orrori della Seconda Guerra Mondiale, necessitava di cambiamento e rinascita. Nel tempo, quella che i milanesi chiamano affettuosamente "grattacielo con le bretelle", è diventata l'emblema dell'ambizione e dell'orgoglio della città.

* See end pages for English translation

27

Porta Nuova

La nuova Milano, oggi è frastagliata da grattacieli e boschi verticali. Per secoli il quartiere ha ospitato il municipio di Milano ma dal 2009, dopo un grande intervento di riqualificazione urbana, il quartiere ha un nuovo aspetto, caratterizzato da grandi edifici del periodo razionalista milanese, di architettura moderna e d'avanguardia. Gli edifici in vetro polifunzionali, sono uniti da un sistema pedonale composto da aree verdi, ponti, piazze e piste ciclabili.

* See end pages for English translation

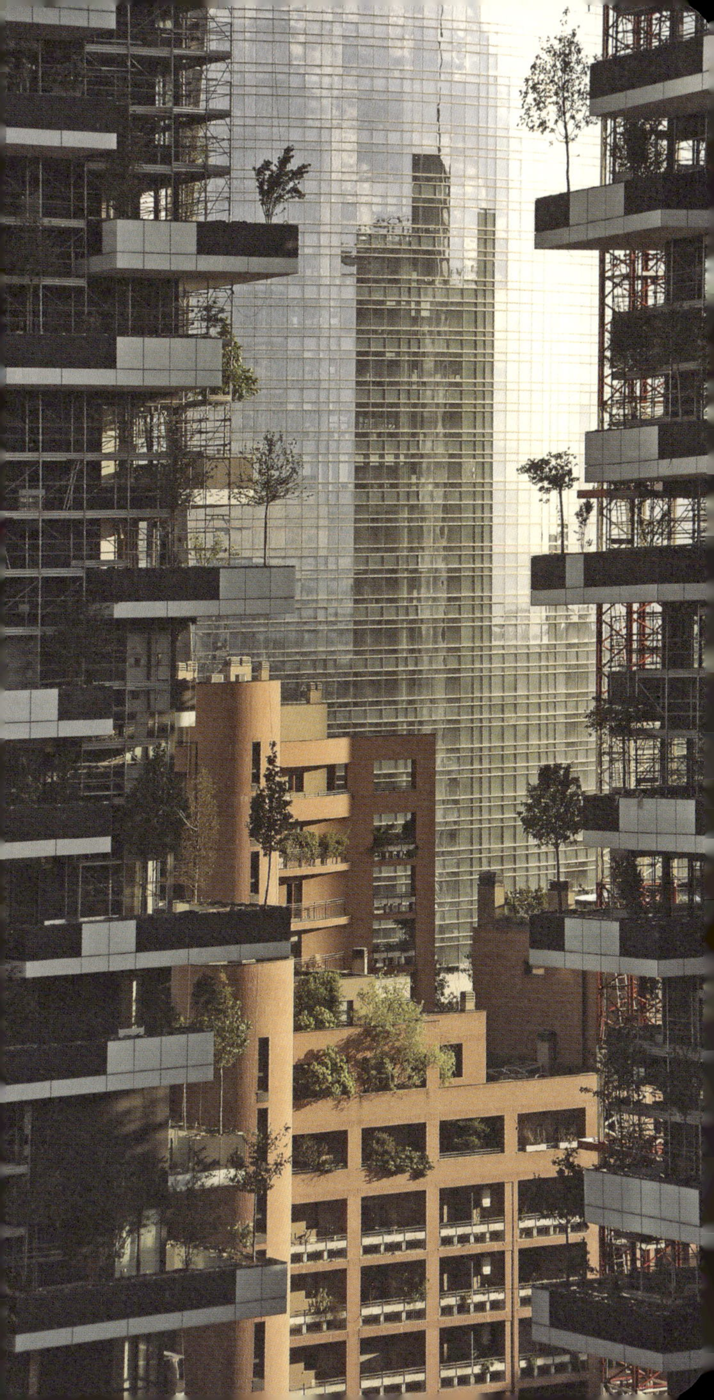

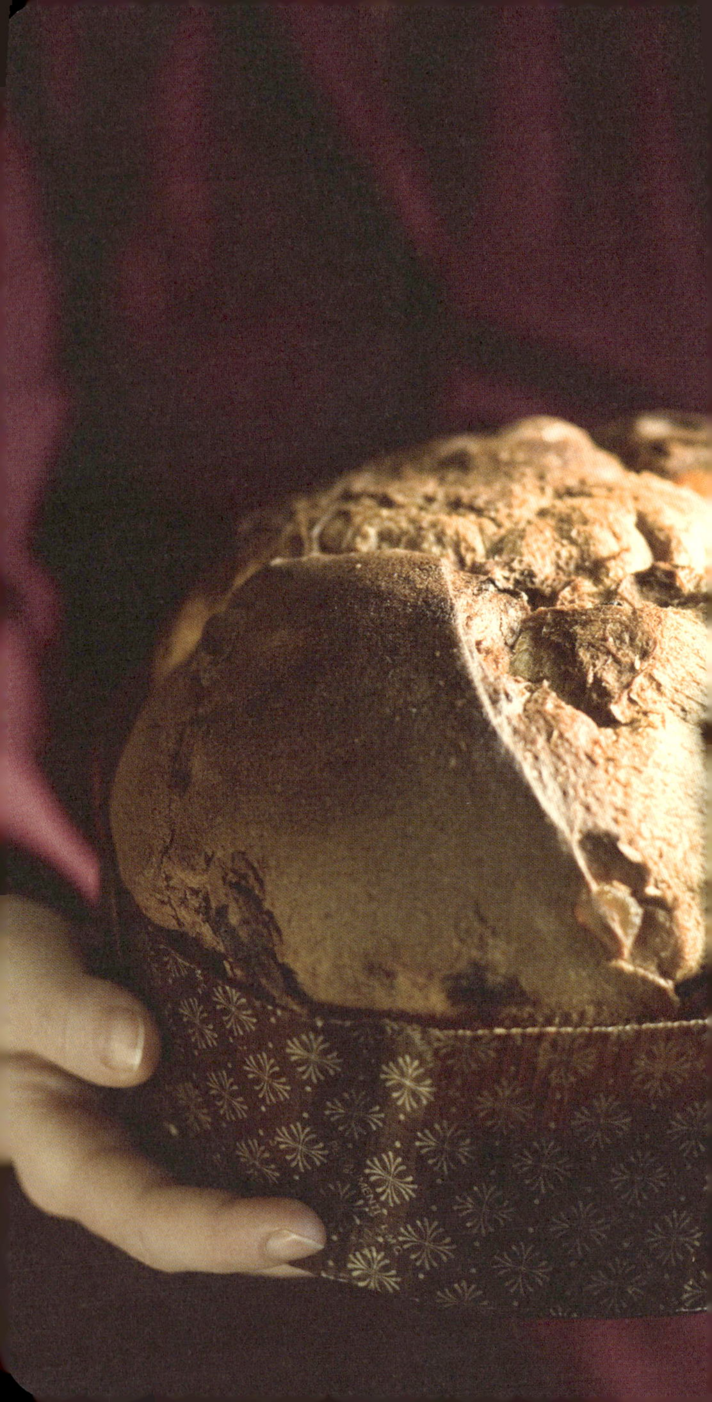

28

Tradizione culinaria

A Milano tra risotti (il più noto quello allo zafferano - il cosiddetto "riso giallo"-), cotoletta alla milanese, ossobuco, panettone delle feste e mascarpone, ci si riempie la pancia in poche ore. Se si vuole mangiare da veri milanesi, però, non possono mancare a fine pasto i celebri formaggi, quali gorgonzola e grana padano, come recita il famoso il famoso detto: "la bocca l'è minga straca, se la sa nò de vacca", ovvero "la bocca non è stanca, se non sa di vacca".

* See end pages for English translation

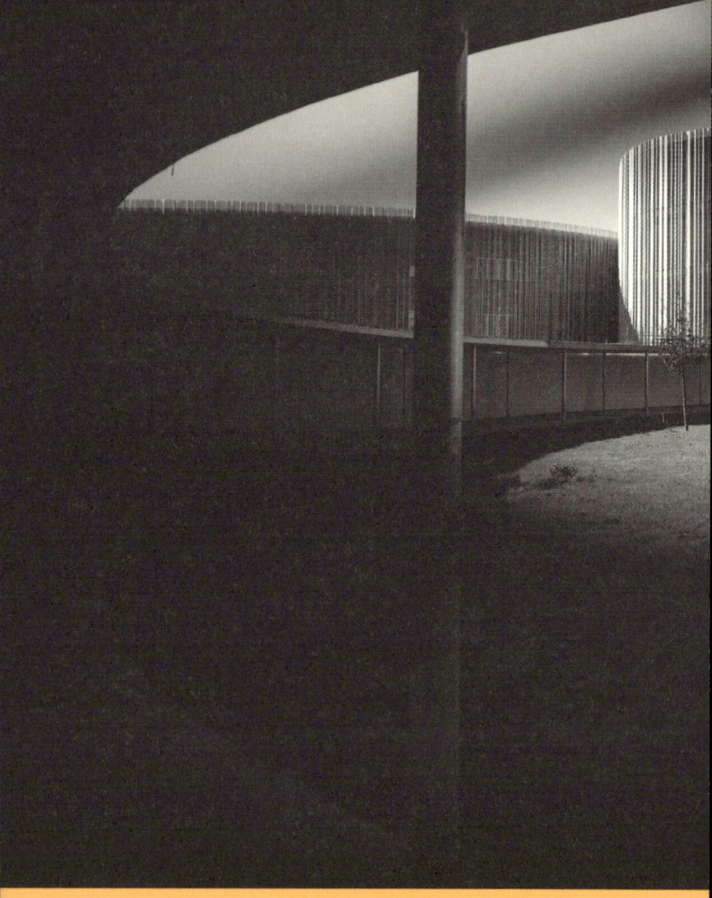

29

Bocconi

L'università Bocconi venne fondata il 10 novembre 1902 da Ferdinando Bocconi in memoria del figlio Luigi, scomparso durante la battaglia di Adua nell'anno 1896. È stato il primo ateneo di economia in Italia e, attualmente, è una delle più prestigiose del Paese, nonché la seconda in Europa nella categoria di business e management studies.

* See end pages for English translation

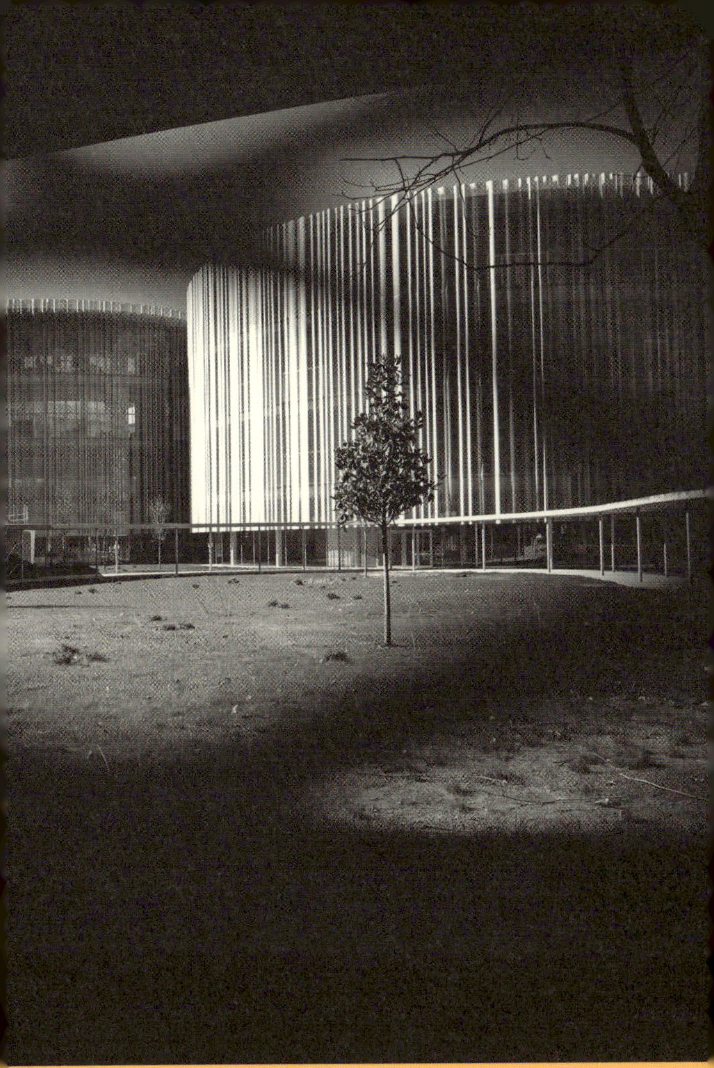

30

San Lorenzo

Non è necessario andare a Roma per ammirare un frammento di autentica arte romana, perchè la Basilica di San Lorenzo spicca possente tra una schiera di condomini, squarciando il cielo milanese e sussurrandoci la storia di un antico impero. La Basilica è una nicchia dal sapore catartico, che permette di trovare rifugio per un momento di riflessione personale.

* See end pages for English translation

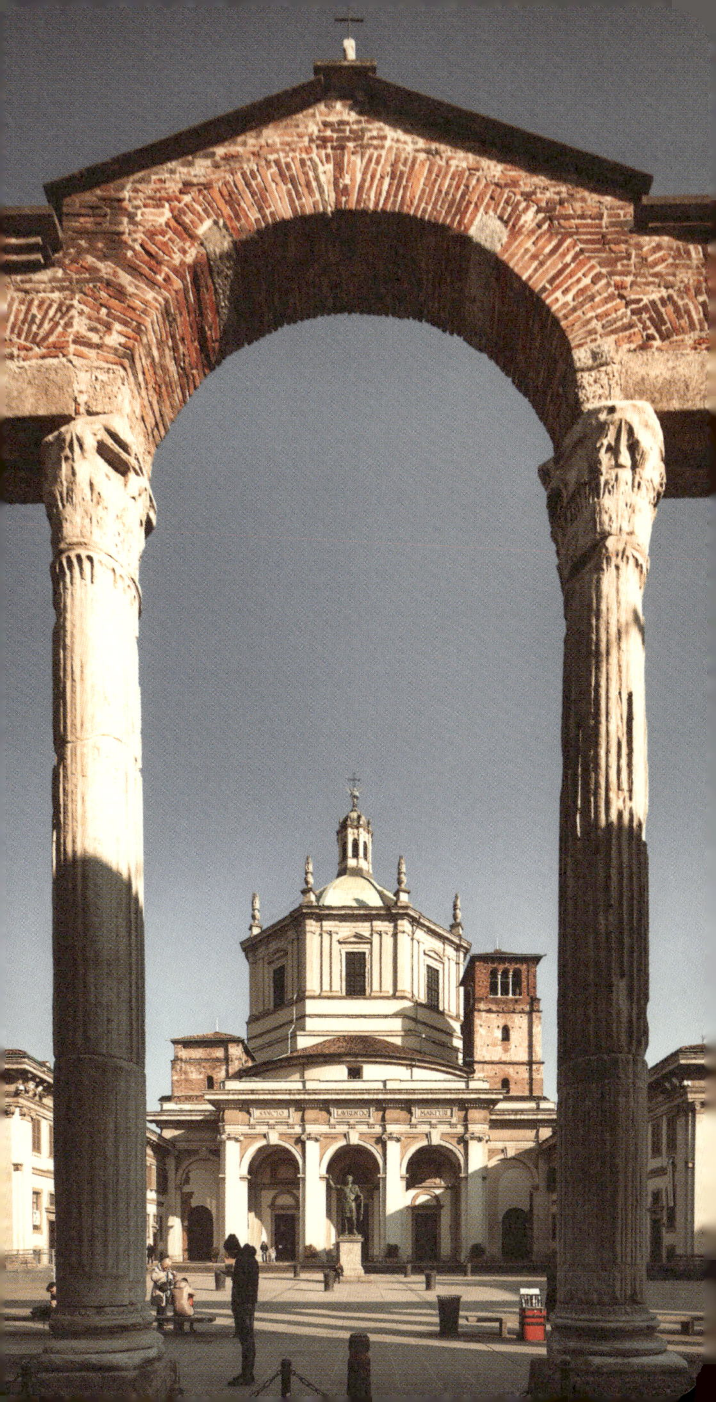

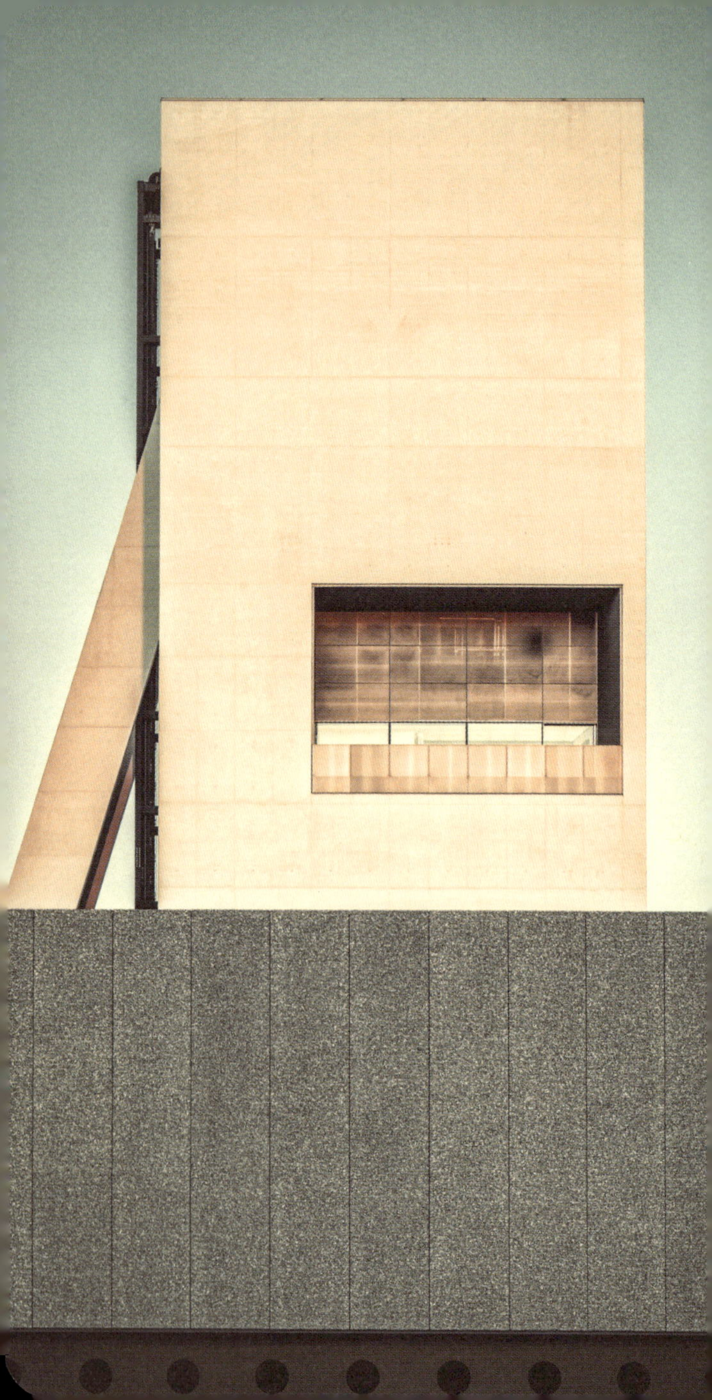

31

Fondazione Prada

Nella mente dell'olandese Rem Koolhaas, quando iniziò a disegnarne il progetto, c'era l'idea di realizzare una perfetta interazione tra il vecchio e il nuovo "che offrisse un insieme di frammenti che non si coagulassero in una singola immagine, né consentisse a una parte di dominare le altre." Viene a crearsi così un'atmosfera unica, che riflette l'essenza stessa della Fondazione, la quale coniuga in sé: arte, architettura e cultura contemporanea.

* See end pages for English translation

32

Armani Silos

"L'eleganza non è farsi notare, ma farsi ricordare." - Giorgio Armani. Lui l'ha fatto: si è fatto ricordare, in Italia e in tutto il mondo, come personificazione dell'eleganza, il marchio di fabbrica della sua linea di moda. Ha realizzato gli abiti da sposa d alcune delle più famose attrici di Hollywood, quali: Nicole Kidman, Katie Holmes e Penelope Cruz; e i suoi capolavori sono stati indossati dai grandi del cinema come Christian Bale, Leonardo Di Caprio, Richard Gere e tanti altri. A quasi novant'anni, il re continua ancora a creare meraviglie stupendoci ad ogni novità.

* See end pages for English translation

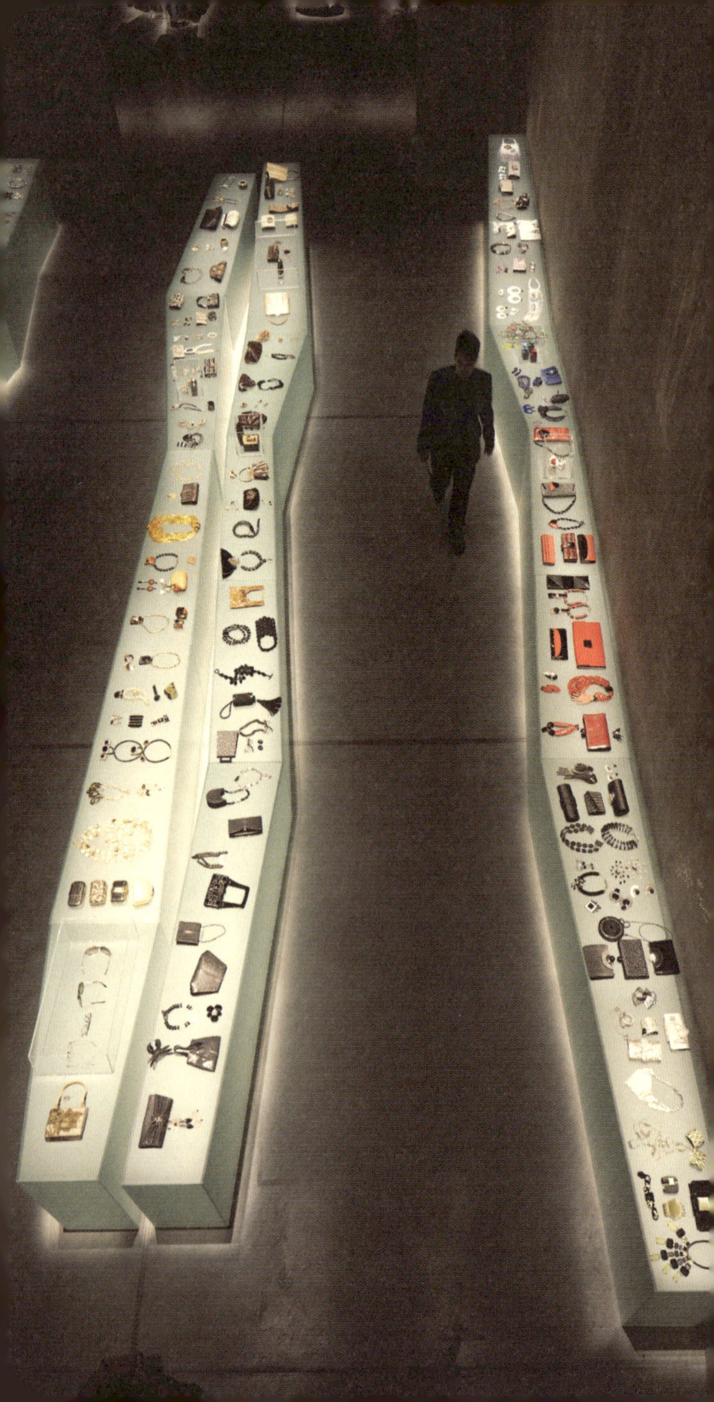

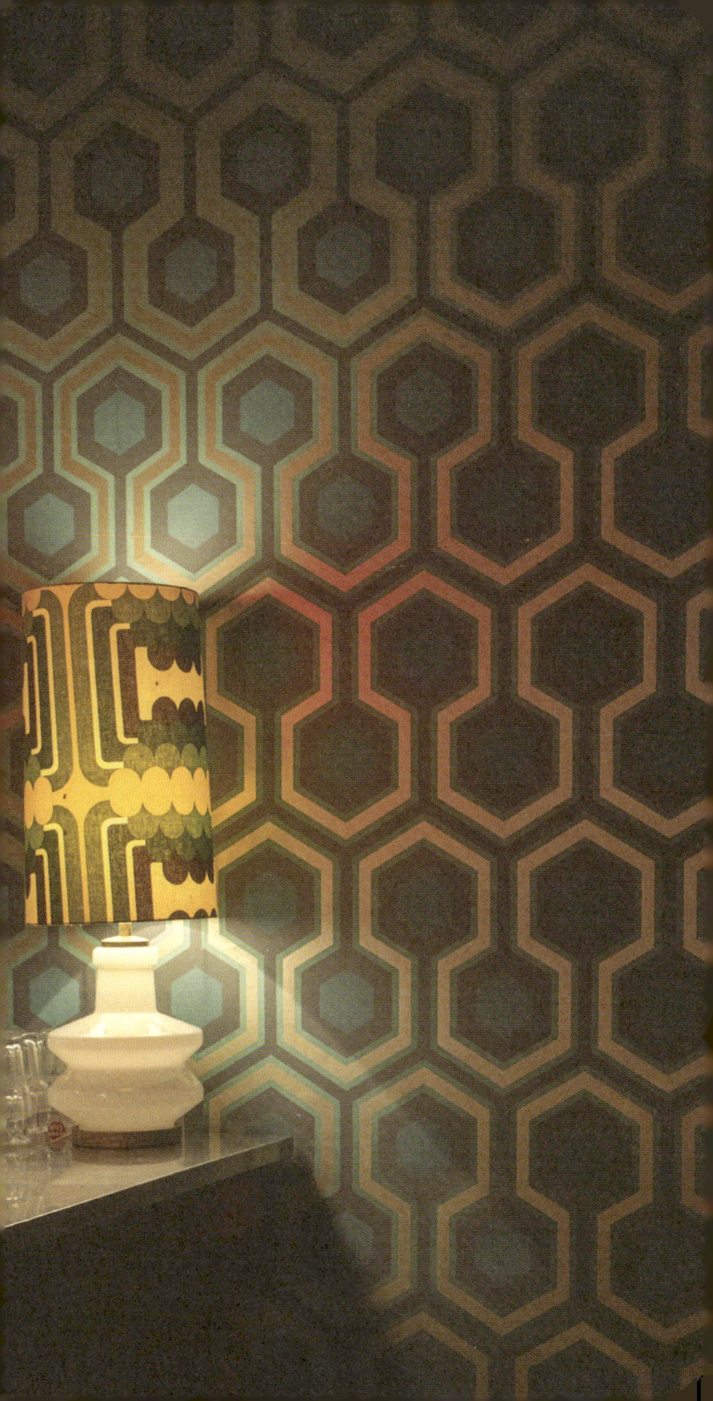

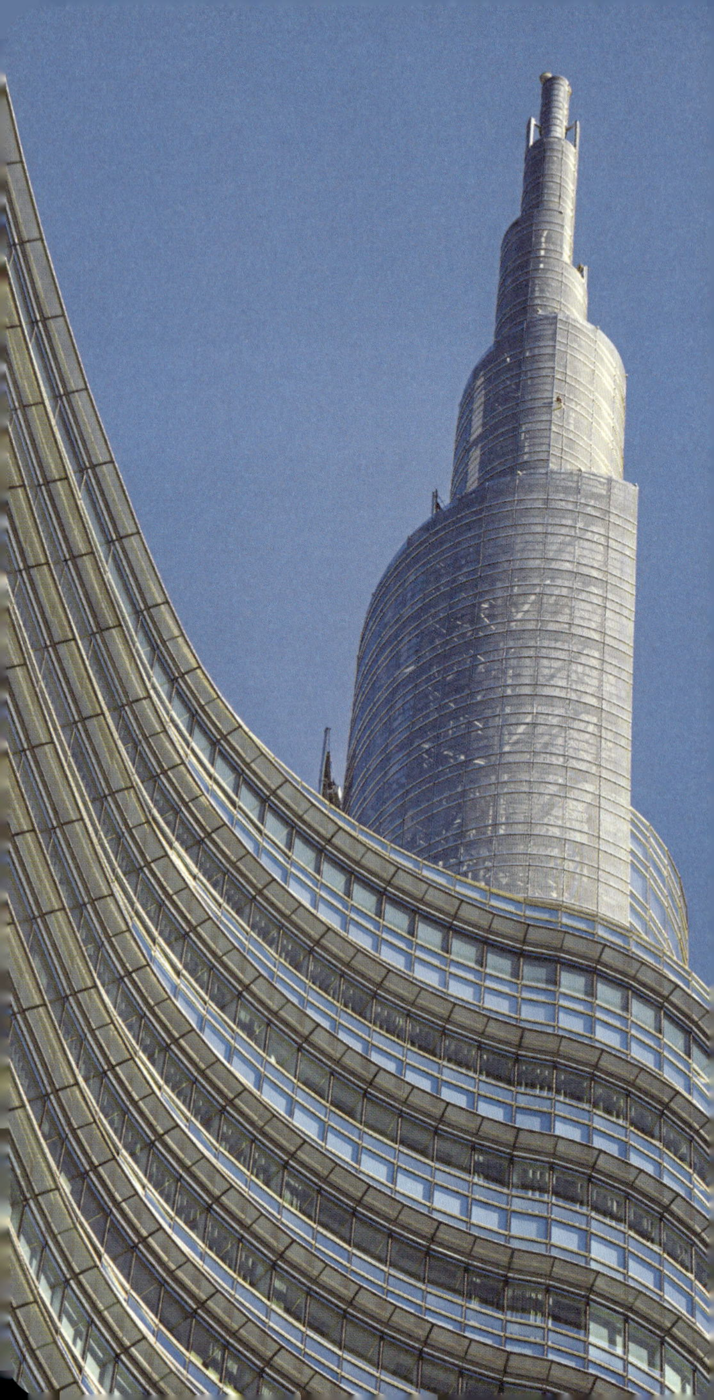

33

Torre Unicredit

Con i suoi 231 metri di altezza, la Torre Unicredit è il grattacielo più alto d'Italia. Realizzata dall'architetto argentino César Pelli, e inaugurata nel 2014, è diventata uno dei principali simboli di Milano. La torre è famosa principalmente per l'iconica guglia, che si illumina assumendo diverse colorazioni a seconda di celebrazioni e ricorrenze.

* See end pages for English translation

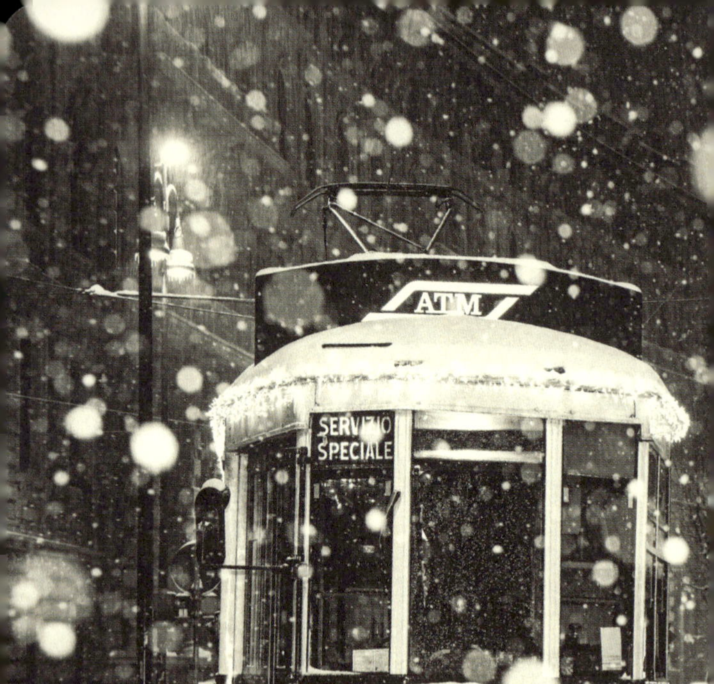

34

Tram

Dopo gli omnibus, tram a trazione animale e locomotive a vapore, il 2 novembre 1893 ci fu il vero cambiamento che sostituì le precedenti soluzioni: la società Edison sperimentò per la prima volta il tram a trazione elettrica, inizialmente rosso e bidirezionale e poi nero, giallo e bianco unidirezionale. I primi anni del XX secolo sono anni di sperimentazione: dalle "foche barbise" per la pulizia delle strade,

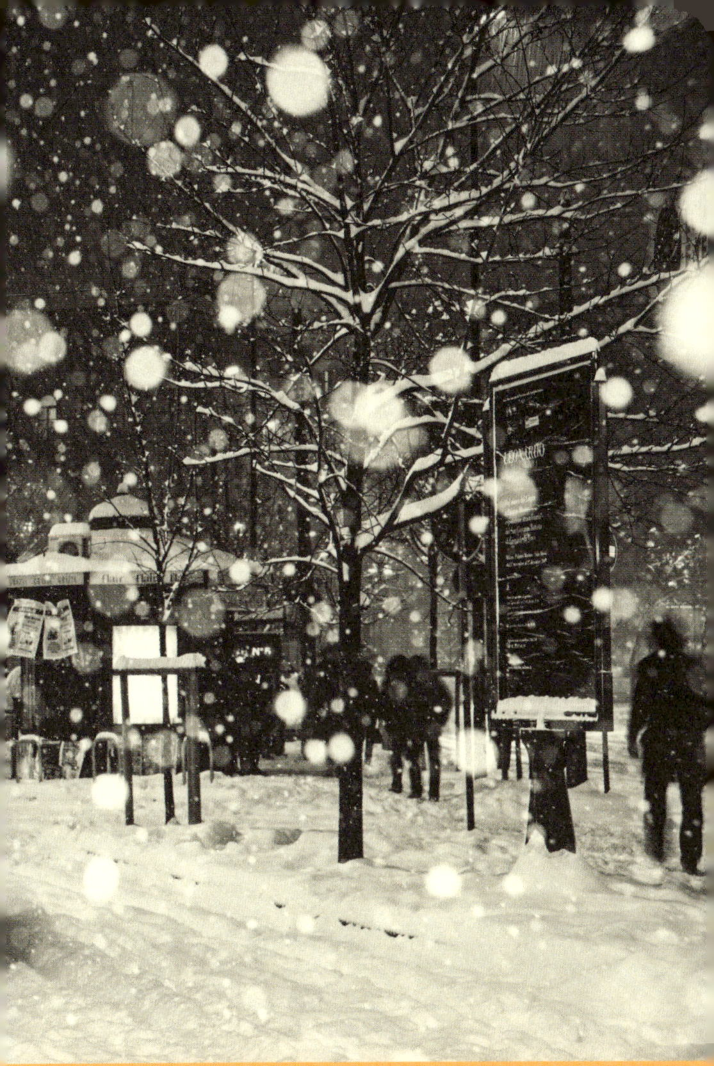

ai Tram Edison a due piani. Nel 1917, il servizio tranviario venne municipalizzato e nacque così, tra il 1924 e il 1928, la serie 600, sostituita poi dalla serie 700 a seguito dei bombardamenti. È nel 1927 che, però, sbarca il leggendario tram "Ventotto", riconoscibile per il suo colore arancione che serpeggia oggi anche per le vie di San Francisco.

* See end pages for English translation

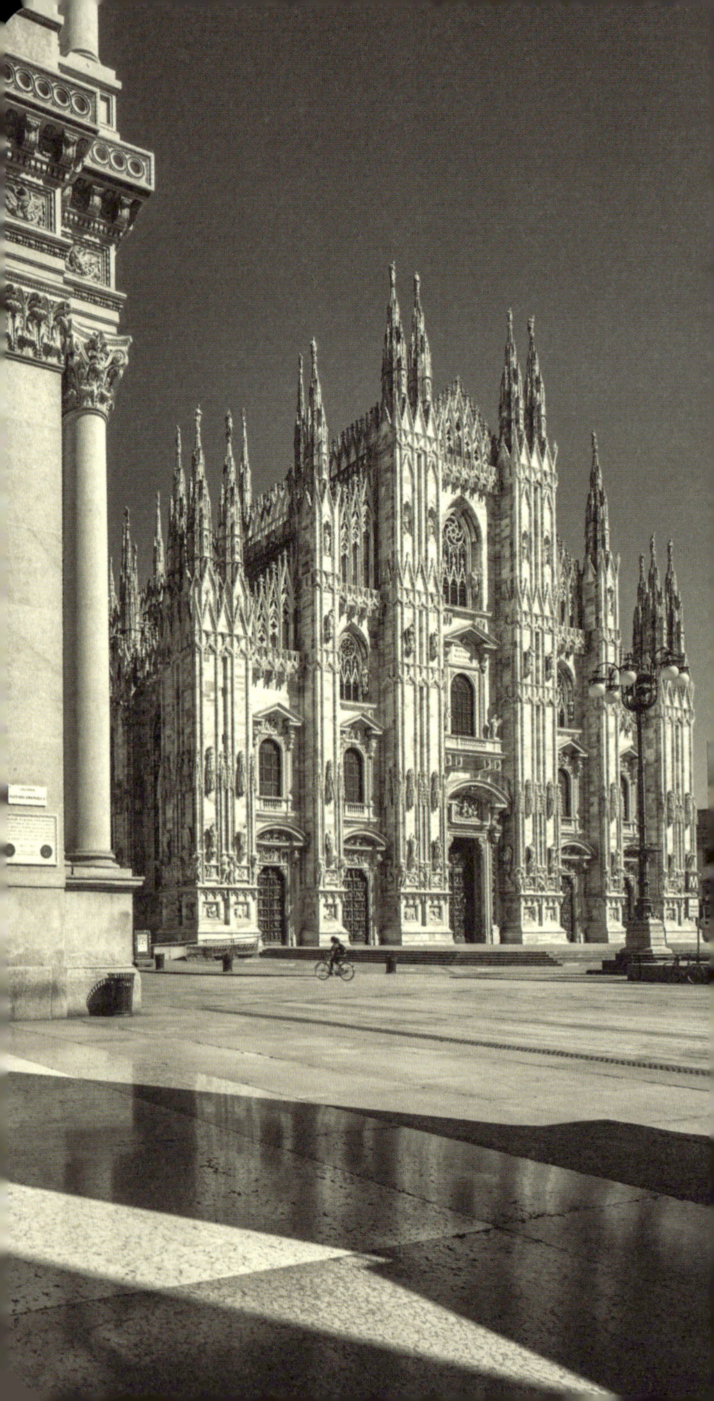

35

Duomo di Milano

"Renzo, salito per un di que'valichi sul terreno più elevato vide quella gran macchina del Duomo sola sul piano, come se, non di mezzo a una città ma sorgesse in un deserto; e si fermò su due piedi, dimenticando tutti i suoi guai, a contemplare anche da lontano quell'ottava meraviglia di cui aveva tanto sentito parlare fin da bambino".
(Alessandro Manzoni, Promessi Sposi)

* See end pages for English translation

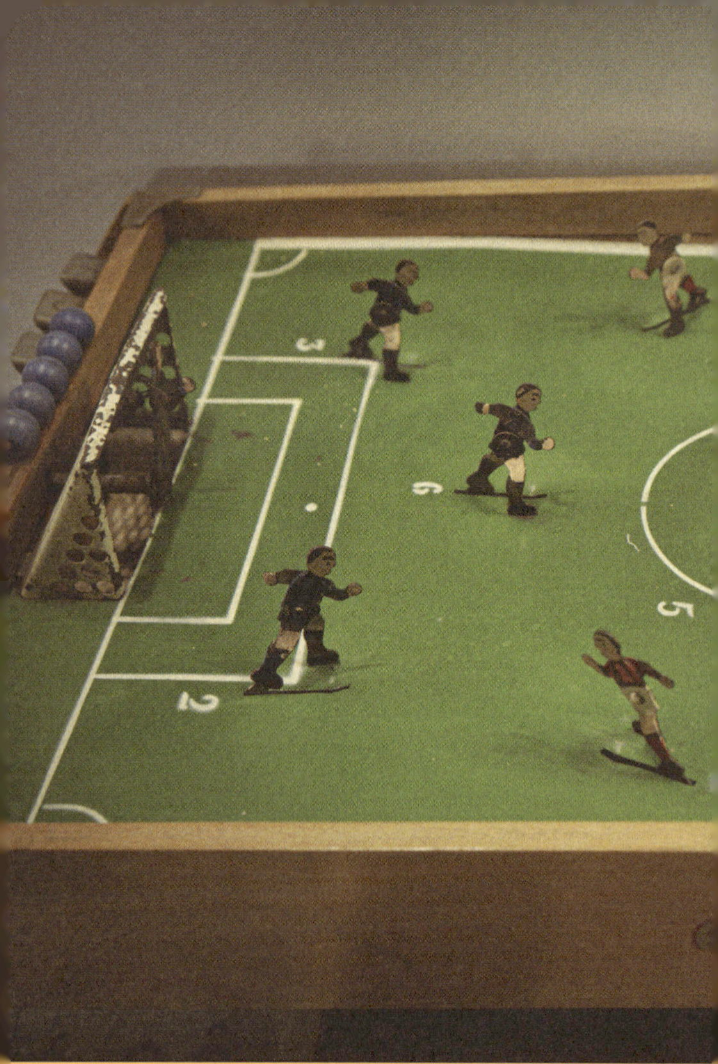

36

Calcio

Dicono che cambiare squadra del cuore sia difficile tanto quanto convertirsi ad un nuovo culto; e in quanto a Milano, il calcio è una questione assai seria. È qui, infatti, che convivono le due storiche rivali: Milan e Inter. La prima venne fondata nel 1899 dall'inglese Herbert

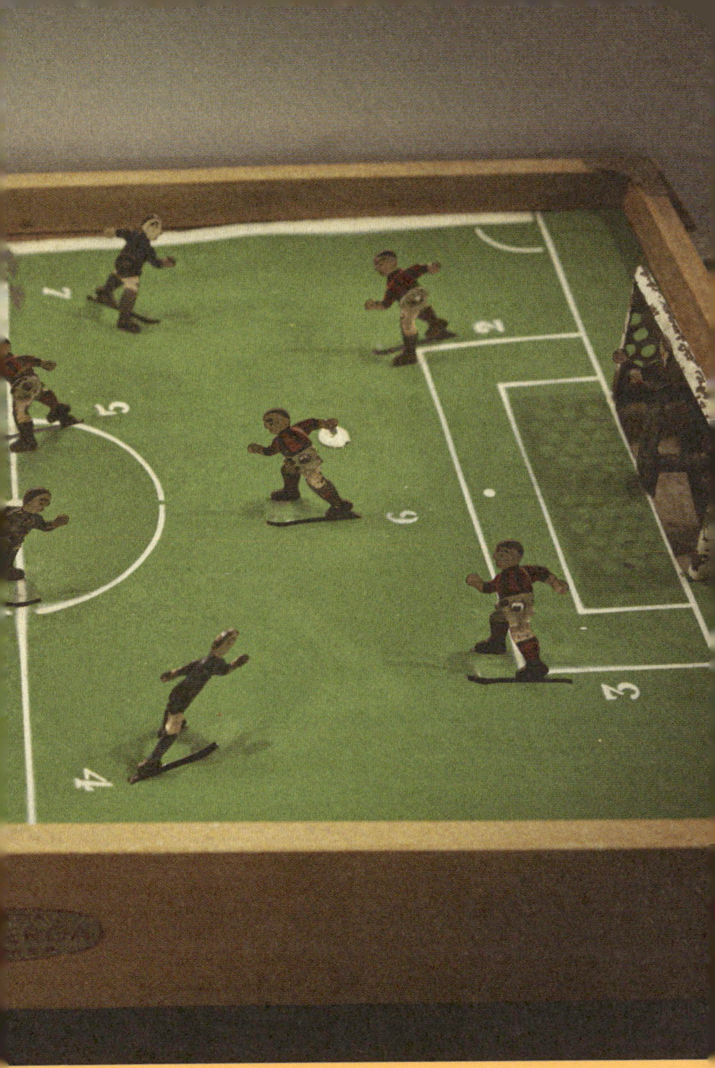

Kilpin, che disse: "Saremo una squadra di diavoli. I nostri colori saranno il rosso come il fuoco e il nero come la paura che incuteremo agli avversari!". L'altra, invece, nasce nel 1908, staccandosi dal Milan che poneva resistenza nel comprare giocatori internazionali.

* See end pages for English translation

1 **Spires**
One of the most characteristic elements of Gothic architecture is certainly the spires. The Cathedral counts 135 in total, most of them 17 meters tall. Rising into the sky "like icicles fallen from the Alps," they are adorned with 3500 statues, which, contrary to popular belief, are not all of a religious nature. Among the unusual figures, we can see: Dante Alighieri, the boxer Primo Carnera, Mussolini, Vittorio Emanuele III, and Pope Pius IX. Dragons and monkeys alluding to old legends and stories are also waiting to be discovered.

2 **Giorgio Morandi**
Fernanda Wittgens is often forgotten, but she was the first female director of the Brera Art Gallery and the first Italian woman to lead an important museum. She began as assistant to the director Modigliani, who nicknamed her "little lark" for her tireless activity and hard work. In 1944, she took on the role of director. During wartime, she demonstrated her courage by saving the artworks of the Brera from bombings and the Nazis, and she helped thousands of Jews escape to Switzerland, avoiding the concentration camps.

3 **Galleria Vittorio Emanuele II**
"The Milan Lounge" inaugurated in 1878, was the first Italian shopping arcade and connects Piazza Duomo to Piazza della Scala. It has always been a meeting place for Milanese bourgeoisie, housing high-fashion boutiques and the most prestigious bars and restaurants in the city. The marbled walls and gilded decorations of the interior perfectly frame the luxury of the arcade.

4 **Branca Tower**
The view from the Torre Branca is unique. From the top of Milan's "little Eiffel Tower", you can enjoy an excellent aperitif whilst admiring the Duomo and the Castello Sforzesco on the Milanese skyline. The tower, erected in just 63 days in 1933 is a true work of art "in which modern architecture and new technology find a point of contact". Restored in 1972 by the Branca family, from whom it takes its name, it represents a move towards modernity and the new art of the twentieth century.

5 **Offices**
A favourite target of the Milanese (who are tireless workers), are the "fanigutun" (the lazy); so much so that there is a saying: "Chi non s'engegna, fa la tegna" (Those who don't apply themselves make cobwebs).

6 **Bar Luce**
Among the many delights of the Prada foundation, there is the Bar Luce, designed by the filmmaker Wes Anderson. Fulfilling his childhood dream of becoming an architect, he created a space that is both an excellent film set and a perfect corner for writing his films. For him, Bar Luce is a place to live, a place to return to and relax even on his non-cinematic days.

7 **Gae Aulenti square**
To complete the skyline of the Porta Nuova project, a raised square was constructed, dedicated to the late Italian architect Gae Aulenti, who passed away just a few months before its inauguration in 2012.

A symbol of contemporary Milan, the square is adorned with three circular fountains equipped with water features and illuminated by the Solar Tree, an LED lamp powered by solar energy. Today, it serves as a gathering place for street dancers, turning it into a true stage of lights, sounds, dances, and games, emblematic of a dynamic and forward-looking Milan.

8 **Milan Cathedral**
The construction of the Duomo quite literally took centuries! The work began in 1386 and was finally completed in the 19th century. It's no coincidence that Milanese people have adopted the expression "like building the Cathedral" to refer to something that has been ongoing for ages and is still not finished.

9 **Milan Cathedral square**
"All these evenings, I have gone to revisit the Milan Cathedral around one in the morning. This church, illuminated by a beautiful moon, offers a spectacle of extraordinary beauty, unique in the world. Architecture has never provided me with such sensations."
(Stendhal, November 5, 1816)

10 **La Rinascente**
In 1865, the Bocconi brothers opened the first Italian department store in Milan, a shop selling ready-to-wear clothing, making luxury garments accessible to the middle class, not just the upper class bourgeoisie. It is said that Giorgio Armani worked here as a shop assistant, selling his own clothes in the store before he became a renowned fashion designer.

11 **Legends surrounding the Cathedral**
Along the walls and in the thick mists which envelop the Milan Cathedral, the tormented ghost of a young girl is said to wander. Her name was Carlina, a young woman who got married here one cold day in October, dressed in the traditional black silk gown. They say that on that evening, the newlyweds climbed to the terrace of the Cathedral, and she, overwhelmed by guilt for the illegitimate child she carried, started to run... right off the edge of the terrace. Her body was never found, but according to legend, the ghost watches over couples who get married in the Cathedral from that day on. Many photographers claim to have recognised her in their photos, right next to the newlyweds.

12 **Bramante**
The "Cristo alla Colonna" is perhaps the most famous painting by Bramante and one of the most moving works in the Brera Gallery. The main subject is Christ, who seems to reach out to us, with his poignant, pain-filled gaze. His sunken and emaciated face is marked by a tear, which conveys his emotional state and captivates the viewer. His smooth body displays extremely realistic and perfect forms. It is believed that this technique may have been learned from the great Leonardo da Vinci, who, before Bramante, captivated audiences with his Mona Lisa.

13 **Porta Venezia**
The Porta Venezia district, characterized by its Art Nouveau style, one of the most influential trends in the early 20th century, was originally

home to the Milanese upper bourgeoisie. Today, it is dotted with luxurious bars in quintessential Milanese style. The nightlife in the area is divided into two distinct realms by the gate: Corso Venezia, where you can find the elegant Milanese lifestyle, and Corso Buenos Aires, which has a more contemporary and ethnic vibe.

14 **Pirelli HangarBicocca**

Weighing 90 tons each and made of reinforced concrete moulded in shipping containers, these are the Seven Heavenly Palaces created by the German artist Anselm Kiefer. They are permanently exhibited at the Pirelli HangarBicocca museum and are symbolic of an ancient Jewish treatise that relates the spiritual journey of those who want to approach God. They were created as an interpretation of ancient Jewish religion and an allegory of the ruins brought to the West by the Second World War.

15 **Vertical Forest**

Comprised of 800 trees, 15,000 perennial plants, and 5,000 shrubs, The Vertical Forest is the masterpiece of architect Stefano Boeri who conceived the idea for these two biological and sustainable towers while wandering in Dubai. The towers are designed to reduce energy consumption through their vegetative screen, shifting the focus from just humans to the relationship between humans and other living species. Recognised as the most beautiful and innovative skyscraper in the world in 2015 and hailed as an "excellent example of urban center revitalization", it has become one of the most iconic symbols of Milan's bold and innovative spirit.

16 **Museo del Novecento**

Designed by Griffini, Magistretti, Muzio, and Portaluppi, and later renovated by the Rota Group, the Palazzo dell'Arengario became the home of the Museo del Novecento in 2010, and houses 4,000 works of Italian art from the 20th century. The journey through the museum concludes with Lucio Fontana's Neon, much beloved by visitors, who take a souvenir photo to share on social media.

17 **MUDEC**

Built from the redevelopment project of the former Ansaldo steelworks buildings in Porta Genova, the MUDEC (Museum of Cultures) was inaugurated in 2015 and presents itself to the public as a multi-disciplinary hub. It gives voice to cultures and testimonies from all around the world, with a particular focus on the Far East, Africa, and pre-Columbian civilizations. The square-shaped structure, made of zinc and covered in glass, is a project by David Chipperfield, a British architect known for the undeniable elegance of his designs.

18 **Leonardo's Horse**

Weighing 10 tons and standing 7.3 meters high, this is the largest equestrian statue in the world. Commissioned by Ludovico Il Moro and dedicated to his father Francesco Sforza, it was designed in 1482 by Leonardo Da Vinci, but the threat of French invasion arose soon after, and the bronze intended for the statue was commandeered to make cannons to defend the city. Centuries later, American pilot and art collector Charles Dent expressed a desire to complete the project, but he passed away before it could be realised. When the horse seemed destined to be forgotten, Frederik Meijer, the owner of a supermarket chain entrusted the monumental task to the Japanese-American sculptor and artist Nina Akamu.

19 **Sforza's Castle**
The Sforza dynasty, which greatly influenced Milan, had some rather unique figures in its court. First among all was Bianca Visconti, who was beheaded because, after being humiliated by her previous lover, sought revenge by sending her next lover to kill him. Another notable name is Caterina Sforza, known as the "Lioness of Romagna". She is remembered for her strong character and her response to those who held her children hostage: "Do it, if you want: hang them in front of me. I have what it takes to make more right here!" as she displayed her "shameful parts" to them.

20 **Galleria Vittorio Emanuele II**
"Frollare": Tradition has it that it brings good luck to plant your right heel over the attributes of the bull represented in mosaic at the center of the gallery, and spin around three times. What few people know is that it only brings luck if you do it at midnight on December 31st!

21 **Aperitif**
The cocktail culture arrived in Italy from overseas in the 1920s and 1930s, and since then, the happy hour has become a cherished tradition. In 1933 the famous Bar Basso, a historic Milanese establishment, opened its doors. Closed during World War II, it re-opened in 1947 and was purchased twenty years later by Venetian bartenders Renato Hausamann and Mirko Stocchetto. It was Stocchetto who created the "Negroni Sbagliato" by mistake, pouring sparkling wine (spumante brut) instead of gin.

22 **Villa Arconati gardens**
They say that in the park of the villa, lives an elf, who arrived to help a child deeply in love with nature, but who had fallen ill. The elf healed the child with a magic potion. Ever since, the elf hides in the park, only appearing on December 15th to see if other children need its help.

23 **Milan**
In the beginning, Milan was a small village known as Medhelan, probably founded in the 4th century BC by the Celtic population of Insubrian Gauls. A century later, it was occupied by the Romans, who named it Mediolanum, a term composed of the words "medio" (middle) and "(p)lanum" (plain), due to its strategic geographical position "in the middle of the plain."

24 **Basilica of Sant'Ambrogio**
The Basilica, considered the second most important church in the city, was founded between 379 and 386 at the behest of Bishop Ambrose, and was finished in 1099. The bodies of the Milanese martyrs Protasius and Gervasius were discovered here and later transferred to the church, which was then named Basilica Martyrum (Basilica of the Martyrs). It also became the burial place for Ambrose, and the church was dedicated to the saint. Saint Ambrose, the patron saint of Milan, is celebrated on December 7th (the day he was elected bishop by the

people) with the traditional Oh Bej Oh Bej Fair, a typical Christmas market named after the exclamations of happy children receiving gifts.

25 **Navigli**
It was in 1179, following the destruction brought on the city by Emperor, that the Ticinello (later called Naviglio Grande) was created, the first of the nine famous canals of Milan. Along its banks, at number 47, Via Ripa di Porta Ticinese, lived Alda Merini, the poetess of the Navigli. She said of her city: "...Milan with its swirling thoughts // where a thousand joys // die weeping on the Naviglio."

26 **Velasca Tower**
An iconic feature on the Milanese skyline, the Velasca Tower was designed in the 1950s in a Milan which was reeling from the horrors of World War II and needed change and rebirth. Over time, what the Milanese affectionately call the "skyscraper with suspenders" has become a symbol of the city's ambition and pride.

27 **Porta Nuova**
The new Milan is characterised by skyscrapers and vertical forests. For centuries, the neighborhood housed the Milan City Hall, but since 2009, following a major urban redevelopment project, the area has a new look with large buildings from the Milanese rationalist period, all modern and cutting-edge. These multifunctional glass buildings are connected by a pedestrian system comprising green areas, bridges, squares, and bike lanes.

28 **Milano culinary tradition**
In Milan, among dishes like saffron risotto (known as "riso giallo"), Milanese-style breaded veal schnitzel (cotoletta alla milanese), ossobuco, holiday panettone, and mascarpone, you can certainly eat your fill in just a few hours. But if you want to eat like a true Milanese, you can't skip the famous cheeses like gorgonzola and Grana Padano at the end of your meal. This aligns with the famous proverb: "la bocca l'è minga straca, se la sa nò de vacca", which means "the mouth is not tired if it doesn't taste like beef."

29 **Bocconi**
Bocconi University was founded on November 10, 1902, by Ferdinando Bocconi in memory of his son Luigi, who passed away during the Battle of Adwa in 1896. It was the first university of economics in Italy and is one of the most prestigious in the country, and second in Europe in the field of business and management studies.

30 **San Lorenzo**
You don't need to go to Rome to admire a fragment of authentic Roman art because the Basilica of San Lorenzo stands proudly among a row of residential buildings, piercing the Milanese sky and whispering the history of an ancient empire. The Basilica is a cathartic niche that offers a peaceful refuge for a moment of personal reflection.

31 **Prada Foundation**
When he began designing the project, Dutch architect Rem Koolhaas had the idea in mind of creating a perfect interaction between the old